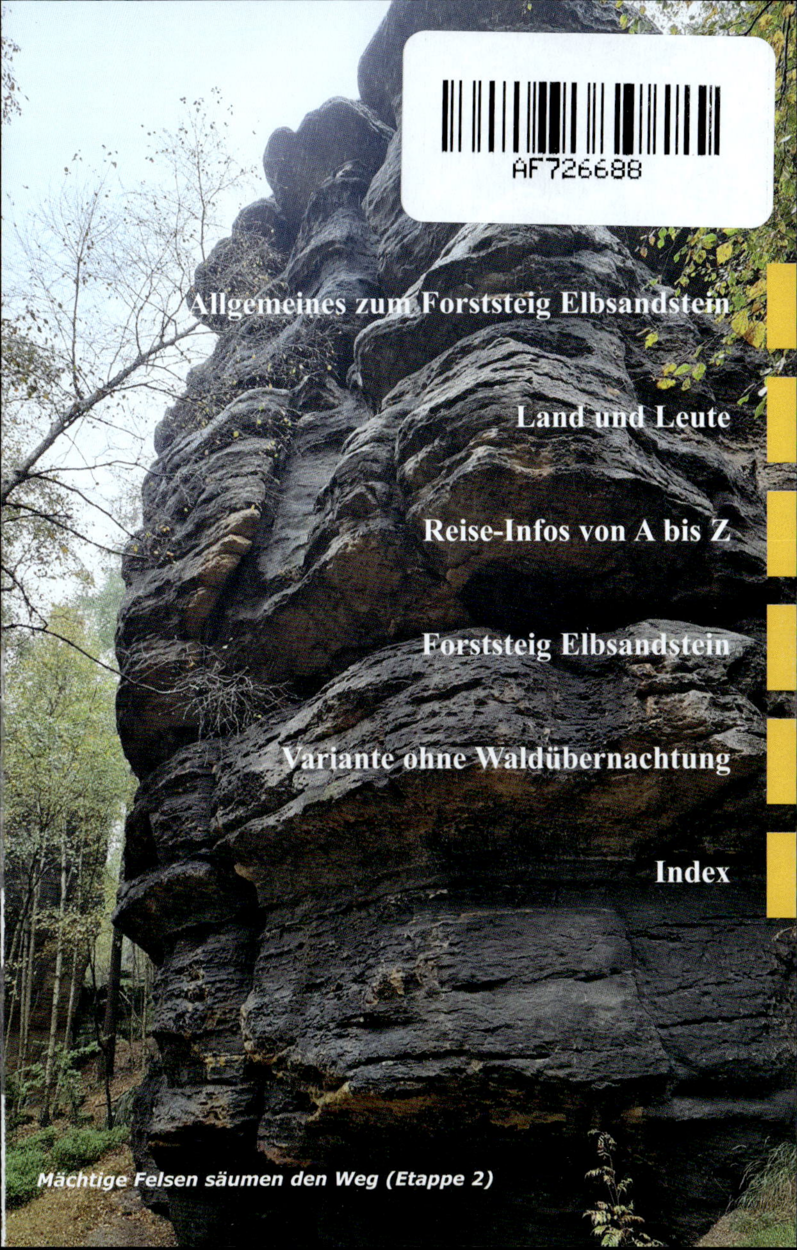



*Mächtige Felsen säumen den Weg (Etappe 2)*

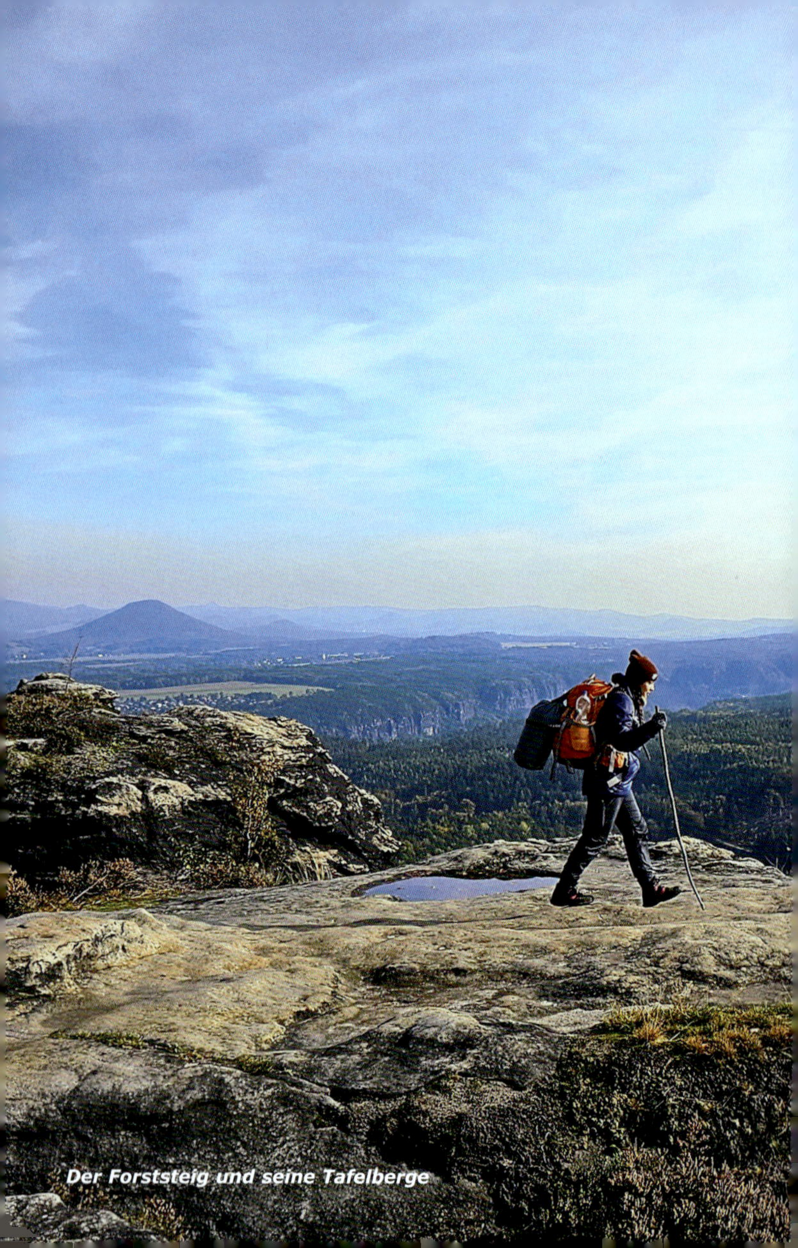
Der Forststeig und seine Tafelberge

Band 503

**OutdoorHandbuch**

Julian Gick

# Forststeig Elbsandstein

## von Schöna nach Bad Schandau

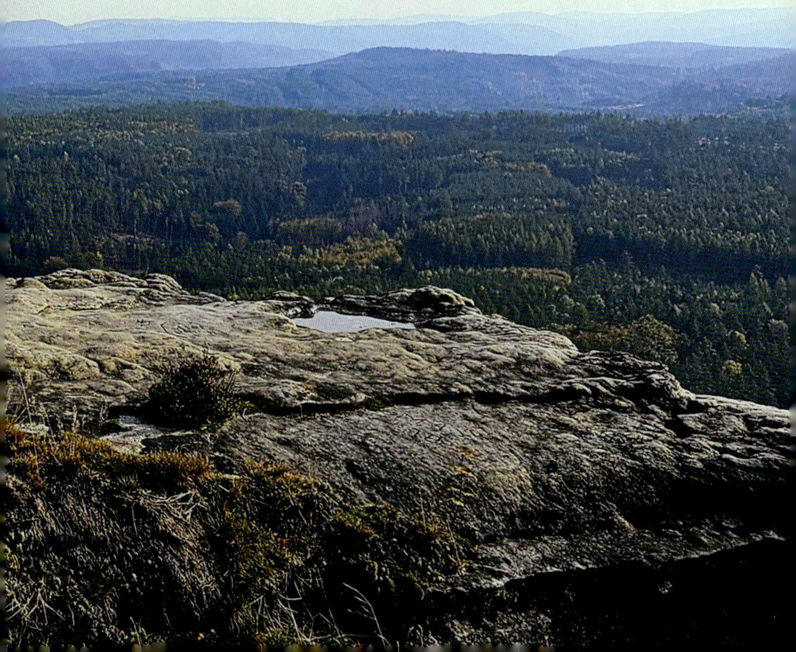

# Forststeig Elbsandstein

Dieses OutdoorHandbuch wurde konzipiert und redaktionell erstellt vom:

Conrad Stein Verlag GmbH
Kiefernstr. 6, 59514 Welver
023 84/96 39 12
info@conrad-stein-verlag.de
www.conrad-stein-verlag.de
www.facebook.com/outdoorverlag
www.instagram.com/outdoorverlag



Druckprodukt mit finanziellem Klimabeitrag
ClimatePartner.com/53106-2402-1013

Als Outdoor-Verlag sind uns der Schutz und die Erhaltung der Natur seit jeher ein besonderes Anliegen. Auch in Sachen Klimaschutz haben wir eine Vorreiterrolle inne: Wir sind der einzige Buchverlag in Deutschland, der bereits seit 2008 seine Bücher konsequent klimaneutral in Deutschland produzieren und transportieren lässt. Dabei wird nicht nur klimaneutral, sondern auch nachhaltig, d. h. so umweltschonend wie möglich produziert, z. B. durch die Auswahl von umweltfreundlichen Materialien. Die bei der Produktion der Bücher entstandenen $CO_2$-Emissionen werden durch die Unterstützung von zertifizierten Klimaschutzprojekten ausgeglichen. Jedes Buch wird daher mit dem Logo „klimaneutral“ und einer Climate-Partner-Zertifikatsnummer versehen. Mithilfe dieser Nummer können Sie unter www.climatepartner.com Informationen zu der eingesparten $CO_2$-Menge und dem Projekt finden, das mit der Abgabe gefördert wird.

Das Engagement des Conrad Stein Verlags wurde im Rahmen des Projekts „Klimaneutraler Buchverlag“ mit dem Westenergie Klimaschutzpreis 2022 ausgezeichnet.

OutdoorHandbuch Band 503

ISBN 978-3-86686-845-8 1. Auflage 2024

Text und Fotos: Julian Gick
Karten und Layout: Manuela Dastig
Lektorat: Anna-Lena Ebner

Gesamtherstellung: AZ Druck und Datentechnik GmbH, Kempten

Dieses OutdoorHandbuch hat 128 Seiten mit 54 farbigen Abbildungen sowie 8 farbigen Kartenskizzen im Maßstab 1:60.000, 7 farbigen Höhenprofilen und einer farbigen, ausklappbaren Übersichtskarte.

Alle Informationen, schriftlich und zeichnerisch, wurden nach bestem Wissen zusammengestellt und überprüft. Sie waren korrekt zum Zeitpunkt der Recherche. Eine Garantie für den Inhalt, z. B. die immerwährende Richtigkeit von Preisen, Adressen, Telefonnummern und Internetadressen, Zeit- und sonstigen Angaben, kann naturgemäß von Verlag und Autor – auch im Sinne der Produkthaftung – nicht übernommen werden.

Autor und Verlag freuen sich über Ihr Feedback. Schreiben Sie Ihre Tipps und Verbesserungen an info@conrad-stein-verlag.de oder nutzen Sie unsere Social-Media-Kanäle. Bitte nennen Sie dabei Titel, Auflage und Seitennummer.

Dieses Buch ist im Buchhandel und in Ausrüstungsläden erhältlich und kann im Internet oder direkt beim Verlag bestellt werden.

Titelfoto: Auf dem Großen Zschirnstein

# Inhalt

☺ Eine **Übersichtskarte** des Weges, **Autorenprofil** sowie eine Liste aller verwendeten **Symbole** in diesem Buch finden Sie auf den vorderen und hinteren Umschlagseiten bzw. -klappen.

# Vorwort

Zerklüftete Felswelten, märchenhafte Waldlandschaften und versunkene Orte: Das Elbsandsteingebirge, seit jeher bei Kletternden beliebt, zieht mit den zahllosen surreal anmutenden Felstürmen immer mehr Wandernde in seinen Bann. Bereits im 18. Jahrhundert erfreute sich das Mittelgebirge in deutsch-tschechischer Grenzlage großer Beliebtheit. Zahlreiche namenhafte Künstler der Romantik zogen in Richtung der pittoresken Landschaft, durch die sich die Elbe schlängelt. Die bizarren Felsformationen wurden rasch zu einem begehrten Ausflugsort. Erste Bahnlinien und Dampfschifffahrten entstanden. Dabei profitierte das Elbsandsteingebirge von der Grenzlage, die das Mittelgebirge von einer industriellen Prägung verschonte, wodurch es den urwaldähnlichen Charakter beibehielt. Früh wurde klar, dass Erholungsfunktionen und Artenschutz durch die Form des sanften Tourismus gewahrt werden müssen, um das einzigartige landschaftliche Erbe zu erhalten.

Auf den rund 105 km des Weitwanderweges Forststeig Elbsandstein durchkämmen Sie diese ausdrucksstarke Landschaft: ob über verschlungene Pfade im Wald hinauf zu aussichtsreichen Tafelbergen oder durch verwinkelte Felspassagen und Irrgassen auf ausgetretenem Gestein. Die Grenzwanderung zwischen Deutschlands wildem Osten und dem märchenhaften Westtschechien wartet mit Geheimnissen und Entdeckungen an jeder Ecke auf. Auch kletteraffine Wandernde werden jederzeit angeregt, sich im Himmelreich, an den Wiesensteinen oder an der Verlassenen Wand auszuprobieren. Der Forststeig Elbsandstein lädt zu einer atmosphärischen Wildniswanderung ein, die in Deutschland seinesgleichen sucht: Zahlreiche einsame Biwakplätze zum Zelten sowie urige Selbstversorgerhütten erlauben, die Nacht abseits der Zivilisation an den schroffen Gesteinstürmen und unter den hohen Fichten der dichten Wälder zu verbringen. Die Mission: Mensch und Natur wieder zu vereinen. Wer braucht da noch die beschwerliche Reise nach Kanada …

Frisch auf und viel Freude!
Julian Gick

Haben Sie Anregungen oder Vorschläge? Dann schreiben Sie mir eine Mail an:
wandern.gick@posteo.de

# Danksagung

Einen ganz besonderen Dank möchte ich Çiğdem Karalı für ihre Geduld und Unterstützung auf dem Forststeig Elbsandstein aussprechen.

*Weitblicke von den Tafelbergen laden zur Rast*

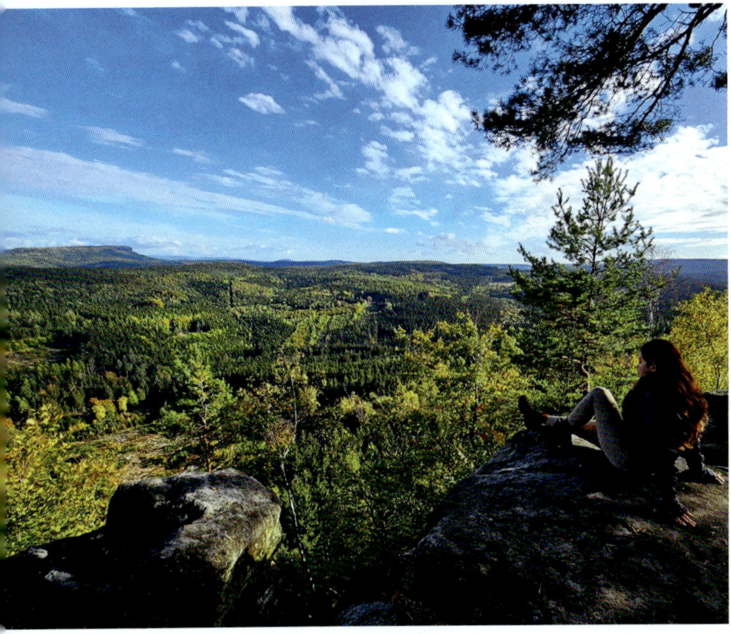

# Allgemeines zum Forststeig Elbsandstein

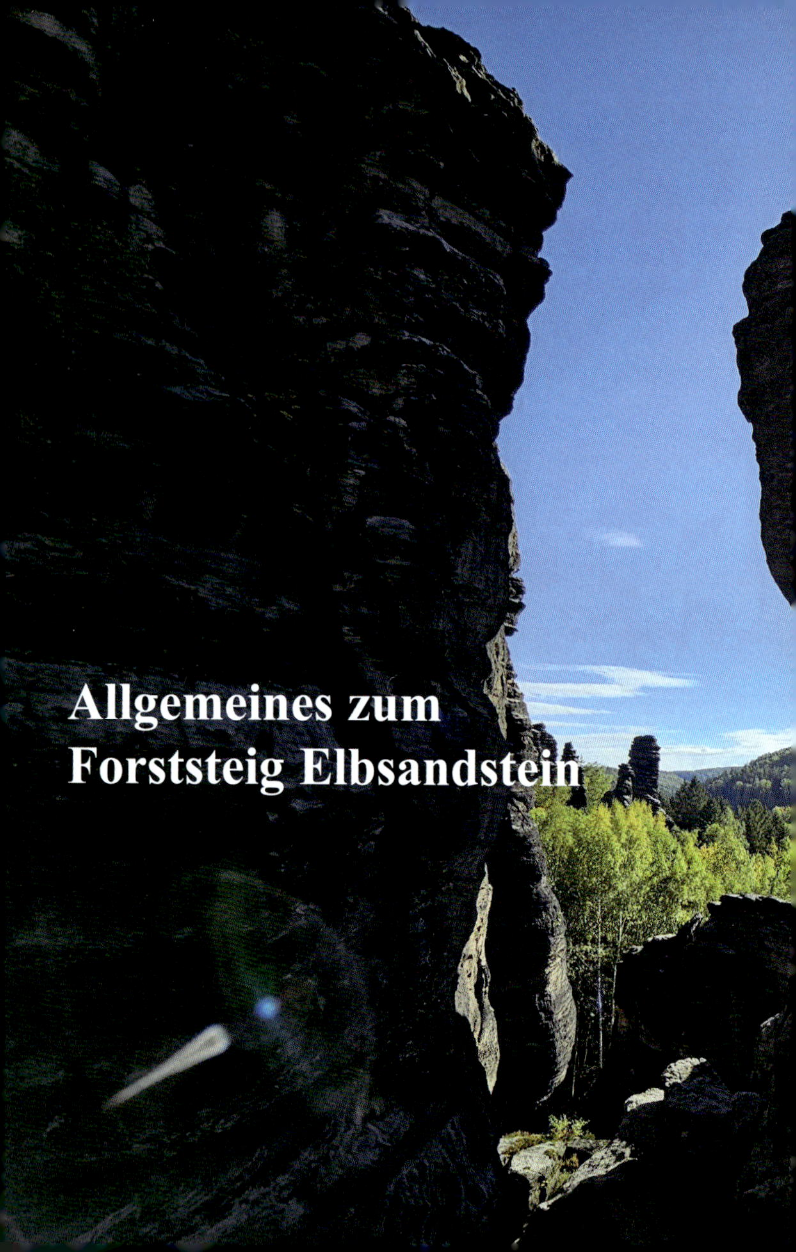

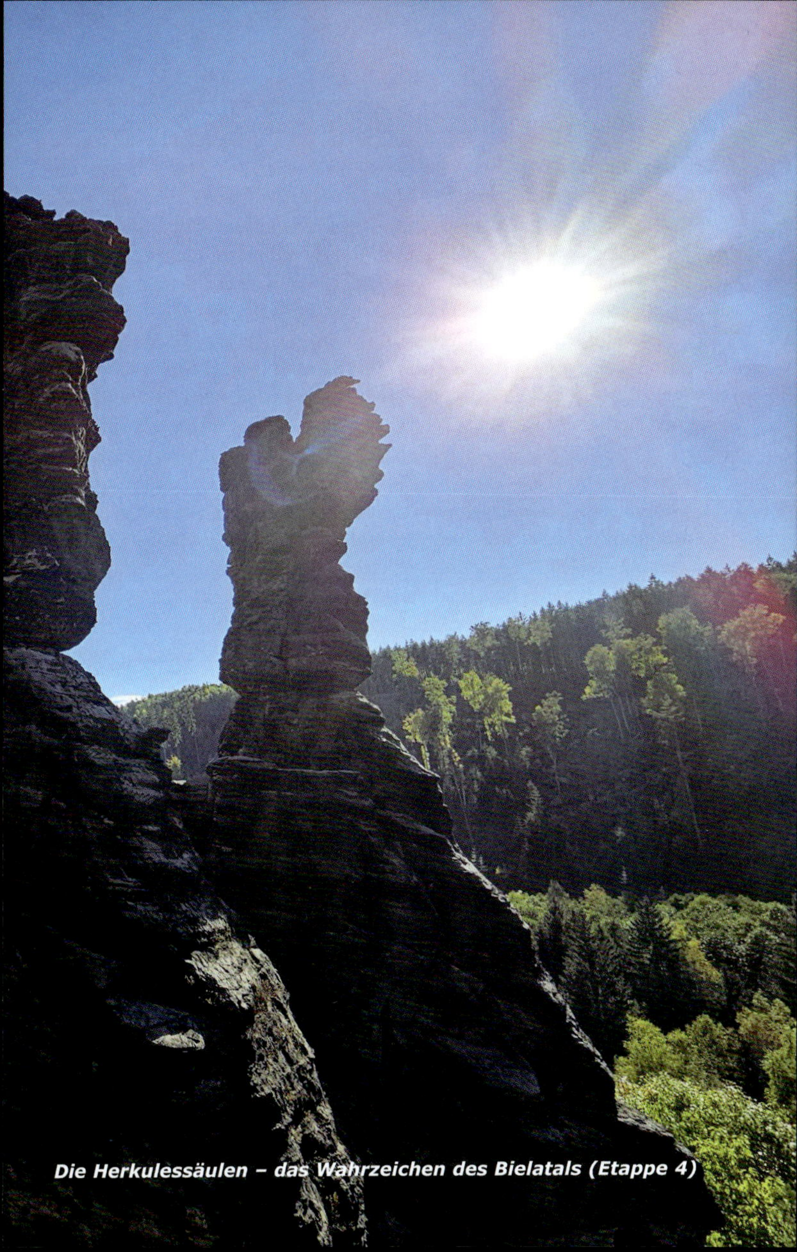

Die Herkulessäulen – das Wahrzeichen des Bielatals (Etappe 4)

# Der Forststeig Elbsandstein

Nach dem Vorbild wilder Trekkingrouten in Neuseeland und Skandinavien wurde der Forststeig Elbsandstein im Jahr 2018 außerhalb der touristischen Zentren des Elbsandsteingebirges eröffnet und zielt darauf ab, dass sich Wandernde abseits der Zivilisation bewegen können. Um diese besondere Atmosphäre nach Deutschland und Tschechien zu holen, wurde vom Sachsenforst auf ein einzigartiges Konzept gesetzt: Wandernde dürfen an bestimmten Stellen inmitten des tiefen Waldes das Zelt aufschlagen oder die urig-spartanischen Selbstversorgerhütten zur Übernachtung nutzen, die im Winter Forstarbeitende und Jagende wärmen. Entsprechend gut lässt sich der Weitwanderweg daher in den Monaten **zwischen April und Oktober** begehen, da in der Zeit zwischen November und März die Übernachtungsmöglichkeiten wegfallen und auch die Wegemarkierung zurückgebaut wird. Der Weitwanderweg erstreckt sich als ausgedehnter (Fast-) Rundweg auf eine Gesamtlänge von ca. 105 km und mäandert zwischen den beiden Nachbarorten Reinhardtsdorf-Schöna und Bad Schandau im linkselbischen, gering frequentierten Teil des Mittelgebirges. Zwischen repräsentativen Gesteinssäulen, durch Felsenlabyrinthe, vorbei an gurgelnden Bächen, durch verwilderte Waldabschnitte und hoch auf zerklüftete Tafelberge aus Elbsandstein zeigt der Forststeig die einzigartigen Qualitäten der pittoresken Landschaft auf. Dadurch, dass der Weg immer wieder kleine Schlenker durch die Bergregion macht, lässt sich der Weitwanderweg auch prima den eigenen Ansprüchen entsprechend kürzen und begrüßt daher auch Wandernde für ein verlängertes Wochenende. Umgekehrt bietet der Forststeig Elbsandstein durch die vielen Geheimnisse abseits des Wegesrandes auch die Möglichkeit, einige Tage mehr in der Sächsischen und Böhmischen Schweiz zu verweilen.

# Etappenübersicht

Die Vorschläge der Etappen sind zunächst auf die Übernachtung im eigenen Zelt oder in den Waldhütten zugeschnitten. Im abschließenden Teil wird kurz aufgezeigt, wie der Forststeig Elbsandstein auch komfortabel von Unterkunft zu Unterkunft bewandert werden kann. Da der Weitwanderweg auf einer relativ kleinen Grundfläche mäandert, sind jederzeit Abkürzungen möglich. Entgegen geläufigen Etappenvorschlägen wurde hier eine feine Anpassung der Etappen vorgenommen und auf sieben statt der häufig zu lesenden sechs Etappen erhöht. Damit haben Sie gerade bei der 4. Etappe reichlich Zeit, um das wunderschöne Bielatal in seiner Gesamtheit erkunden zu können. Das Bielatal ist Herzstück der Weitwanderung und birgt aufgrund seiner zerklüfteten Struktur zahlreiche Geheimnisse und Sehenswürdigkeiten, angefangen von kulturhistorischen Schätzen über verborgene Höhlen bis hin zu begehbaren Kanzeln der Sandsteinnadeln. Schade wäre es, gerade dort aufgrund von Zeitknappheit und einer kraftraubenden Etappe durchmarschieren zu müssen. Wer dieser Empfehlung nicht folgen möchte, dem bietet sich jederzeit die Möglichkeit, die Etappen anzupassen.

# Forststeig Elbsandstein

## 1.-7. Etappe

Der Forststeig Elbsandstein verläuft in sieben Tagesetappen von Reinhardtsdorf-Schöna nach Bad Schandau. Ob Sie tatsächlich in Reinhardtsdorf-Schöna starten oder Bad Schandau als Ausgangspunkt Ihrer Wanderung wählen, bleibt Ihnen überlassen. Bei beiden Varianten können Sie am Anreisetag direkt in die 1. Etappe starten und schon früh das Zelt aufschlagen. Der Vorteil, in Reinhardtsdorf-Schöna zu beginnen, liegt sicherlich zum einen darin, dass am Ende der Wanderung in Bad Schandau eine bessere ÖPNV-Anbindung besteht und daher weniger Zeitmanagement erforderlich wird. Zum anderen bietet Ihnen der Beginn der Wanderung in Reinhardtsdorf-Schöna eine höhere Flexibilität, da dort die Übernachtungsdichte in den Wäldern höher ist. Entsprechend können Sie von Reinhardtsdorf-Schöna aus spontan entscheiden, wie lang Sie Ihre 1. Etappe gestalten.

Die **1. Etappe von Reinhardtsdorf-Schöna** aus ist so angelegt, dass Sie morgens bequem an der Bahnhaltestelle aussteigen und sich direkt die kurze Einstiegsetappe erwandern können. Bis zum Zschirnstein-Biwak sind es lediglich 13 km, dabei bereitet Sie der gemütliche Schlangenpfad im Hang zur Elbe auf den kommenden Anstieg zum Großen Zschirnstein vor. Anschließend können Sie entspannt Ihr Zelt unterhalb des Felsmassivs aufschlagen. Reserviert werden muss nicht. Praktisch! Denn wer spontan noch Kraft und Lust hat, wandert einfach zur 4,3 km entfernten Grenzbaude oder zum 4,9 km entfernten Taubenteich-Biwak. Es spricht also vieles dafür, den Forststeig Elbsandstein in Reinhardtsdorf-Schöna zu beginnen. Bereits am **zweiten Tag führt Sie der Forststeig Elbsandstein immer tiefer in den Wald** hinein nach Tschechien und anschließend zum höchsten Berg des Mittelgebirges, dem Hohen Schneeberg. Anders als bei vielen anderen Etappen des Forststeiges Elbsandstein können Sie hier eine kulinarische Rast einlegen und nehmen anschließend den Abstieg nach Ostrov. Die **3. Etappe verläuft nach einem Besuch des Felsenlabyrinths der Tyssaer Wände abseits des Trubels** an einer bewaldeten Klippe entlang. Kurz vor Ende bietet sich ein Abstecher auf den Sachsenstein an, um schon einen Ausblick auf Wandertag vier zu bekommen. Durch das **eindrucksvolle Bielatal geht es auf der 4. Etappe** nach vielen kleinen Klettereinlagen zurück über die Grenzplatte in Richtung Ostrov zum Zehrborn-Biwak. Die **5. Etappe verläuft recht** ruhig und äußerst einsam über ein kleines Hochplateau und wenig später durch das romantische Tal der Dürren Biela. Nun verlassen Sie Tschechien endgültig und übernachten am Spitzstein-Biwak. Der **sechste Tag** kann entspannt angegangen werden. Wenig steile Anstiege und die Irrgassen des kleinen Felsenlabyrinths Langenhennersdorf bringen Erholung. Ob Sie am Ende der Etappe den emporragenden Quirl noch begehen oder erst am nächsten Tag, bleibt Ihren Kräften und Ihrer Planung für den abschließenden Wandertag überlassen. Den gleichnamigen Biwakplatz erreichen Sie vor wie nach der Besteigung gleichermaßen gut. Die **abschließende 7. Etappe** beginnt ganz gemächlich über ebene Forstwege. Drei große Anstiege sind mit dem Gohrisch, dem Papststein sowie dem Kleinhennersdorfer Stein noch zu bewältigen – hervorragende Highlights, die den Forststeig Elbsandstein noch einmal positiv prägen werden, ehe der lange Abstieg runter ins Elbtal nach Bad Schandau erfolgt.

## Forststeig Elbsandstein (Variante ohne Waldübernachtung)

### 1.-7. Alternativetappe

Mit ein wenig läuferischem Mehraufwand haben Sie an allen Etappenenden die Möglichkeit, sich den Forststeig Elbsandstein auch ohne Zelt, Isomatte und Schlafsack erwandern zu können. Dies ist oftmals mit einem Verlassen des Weitwanderweges in Richtung angrenzender Orte verbunden. Sie können in Reinhardtsdorf-Schöna Ihre Weitwanderung beginnen, sollten jedoch früh anreisen oder die Nacht bereits vor Ort verbracht haben, da die **1. Etappe** zur Jagdresidenz Kristin Hrádek Zeit benötigt. Der **zweite Wandertag** bietet direkte Erholung. Sie laufen in einer kurzen Tagesetappe nach Ostrov und steigen auf dem Weg dorthin zum höchsten Berg, dem Hohen Schneeberg, hinauf. Der **dritte Tag** führt Sie vorbei an den Tyssaer Wänden mit dem Labyrinth und durch das herrliche Tal der Biela. Die **4. Etappe** verläuft recht einsam, aber wildromantisch durch das Tal der Dürren Biela, ehe Sie in Rosenthal angelangen. Die **5. Etappe** führt Sie über Rotstein, Katzfels und Signal runter nach Cunnersdorf. Den **sechsten Wandertag** starten Sie besser früh, denn der lange Tag über den Lampertsstein und das Felsenlabyrinth Langenhennersdorf benötigt Zeit. Die **abschließende Etappe** verläuft dann über Quirl, Gohrisch und Papststein nach Bad Schandau.

# Arbeit des Sachsenforstes

Oft werden Weitwanderwege durch Gebirgsvereine koordiniert. Im Falle des Forststeiges Elbsandstein ist der Sachsenforst der zentrale Akteur hinter der Planung, Realisierung und Pflege des Weges sowie der Betreuung und dem Erhalt der Biwak- und Hüttenübernachtungen. Dass der Sachsenforst den Forststeig Elbsandstein managt, begünstigt für Wandernde die Möglichkeit, über entlegene Pfade tief in die Wälder einzutauchen und dort an den ausgewiesenen Orten zu übernachten. Eines der großen Ziele des Sachsenforstes: die Natur dem Menschen wieder nahebringen.

Von der Wahrung und dem Schutz der sensiblen Natur über die Holzproduktion bis hin zur Waldpädagogik und Erhaltung des natürlichen Erholungswertes – der Sachsenforst ist Dreh- und Angelpunkt in der Entwicklung und Pflege des Waldes. Bereits seit dem Jahr 1990 arbeiten die Forstmitarbeitenden der Landesforstverwaltung Sachsen (seit dem Jahr 2006 Sachsenforst) am Waldumbau, um standortangepasste Mischwälder zu entwickeln und der Vielfältigkeit von Waldökosystemen sowie den immer häufiger auftretenden klimatischen Herausforderungen gerecht zu werden. Zur integrativen, naturgemäßen Waldbewirtschaftung gehört es auch, dass Totholz in den Wäldern als Lebensraum für jene Tiere und Insekten verbleibt, die auf Zerfallsphasen und Aushöhlungen angewiesen sind. Anders als in anderen deutschen Waldregionen ließen sich Borkenkäfer (Buchdrucker) und Co. mit den naturnahen Waldkonzepten lange begrenzen. Erst seit den gehäuften Sturmereignissen und den niederschlagsarmen Jahren ab 2018 kam es zu einer vermehrten Ausbreitung des Borkenkäfers. Die Maßnahmen zur Eingrenzung der Borkenkäferschäden und der fortschreitende Umbau hin zu struktur- und artenreichen Wäldern stehen seither noch mehr im Fokus des Sachsenforstes.

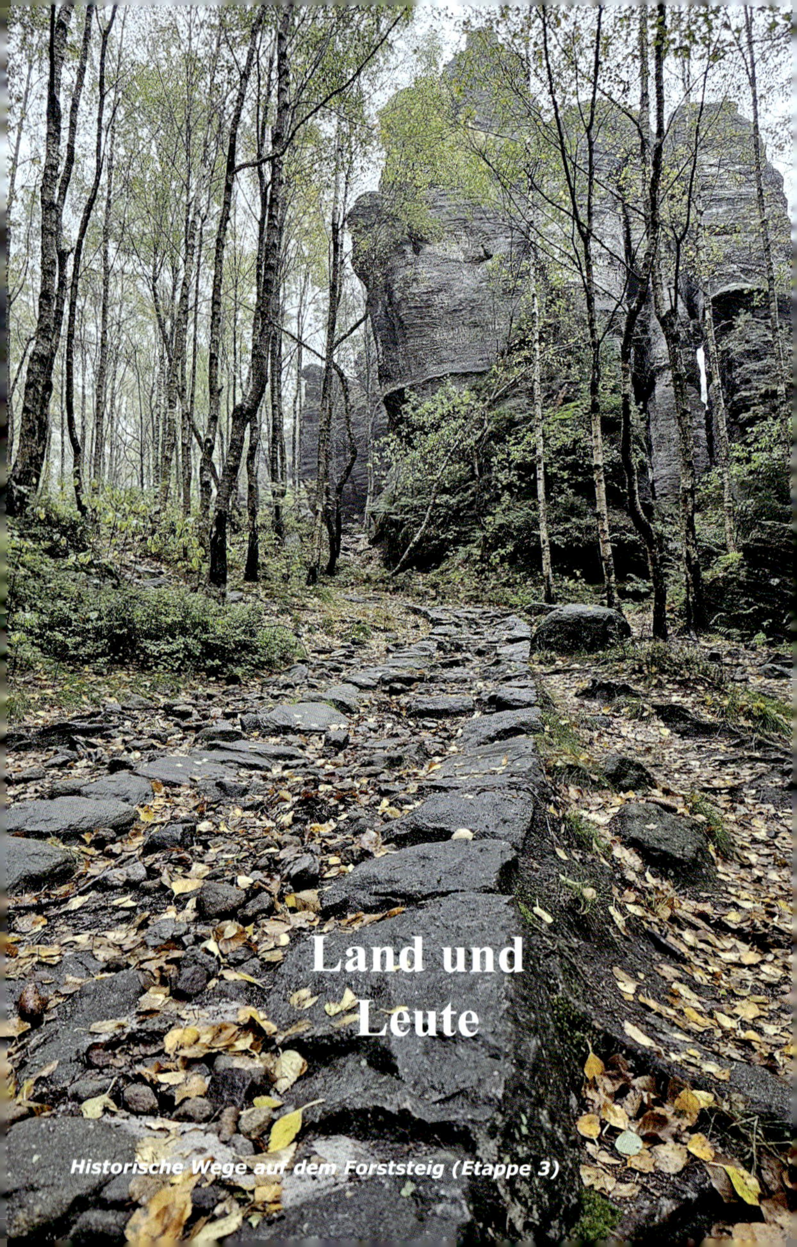
Land und
Leute
Historische Wege auf dem Forststeig (Etappe 3)

# Landschaft

Das Elbsandsteingebirge ist ein länderübergreifendes Mittelgebirge zwischen der deutschen Stadt Pirna und der tschechischen Stadt Děčín mit einer ungefähren Ausdehnung von 700 km². Während das Mittelgebirge auf deutscher Seite auch unter dem Namen Sächsische Schweiz geläufig ist, wird der tschechische Teil als Böhmische Schweiz bezeichnet. Die gleichnamigen zwei Nationalparks decken jeweils einen Teil des Elbsandsteingebirges auf der rechtselbischen Seite ab und bemessen zusammen knapp 175 km². Das gesamte Mittelgebirge befindet sich in der sogenannten Nationalparkregion und ist außerhalb der Nationalparks Landschaftsschutzgebiet.

Das kleine Mittelgebirge zeichnet sich insbesondere durch eine erosionsbedingte, starke Zerklüftung der (Sandstein-)Landschaft aus, die zu einem Abwechslungsreichtum von charakteristischen, aus den dichten Wäldern emporragenden Felssäulen, offenen Klippen, Tafelbergen, Schluchten und Höhlensystemen führte. Das Standsteinvorkommen ist ein Überbleibsel des ehemals hohen Meeresspiegels. In Folge des Meeresrückzugs entstanden kompakte, feste Sandsteintafel, die innerhalb von Jahrmillionen verwitterten. Mitunter verläuft der Forststeig Elbsandstein über den landschaftsbildprägenden Zschirnstein, durch das Himmelsreich und das markante Bielatal, über den Gohrisch, den Papststein und über den höchsten Berg des Mittelgebirges, den Hohen Schneeberg auf tschechischer Seite. Im Elbsandsteingebirge wird den Wandernden mehr als irgendwo anders aufgezeigt, wie wenig sich der Blick auf die Höhenmeter der Berge lohnt. So ist das Wandern im Elbsandsteingebirge bestimmt von dem zerfurchten Relief der Erosionslandschaft und verlangt Wanderbegeisterten häufig ein steil verlaufendes Auf- und Absteigen ab – womit dem Namen des Forststeiges Genüge getan wird. Nicht umsonst wird Wandern im Elbsandsteingebirge oft als Bergsteigen bezeichnet.

# Geschichtliches

Die ursprünglich erst markomannisch sowie keltisch und später slawisch bewohnte Region kam erst im 15. Jahrhundert in die Herrschaft Böhmens und Sachsens. Schon immer dünn besiedelt, führte dies zu einer Veränderung der landschaftlichen Nutzung. Während im Westen des Elbsandsteingebirges fruchtbare Böden vorherrschen, konnte in dem kargen, eher nährstoffarmen Bielatal kaum Landwirtschaft erfolgen. Starker Holzeinschlag zur Gründung neuer Dörfer und Festungen belebte die Holzflößerei wie auch die Köhlerei in der Region. Hauptsächlich war das Mittelgebirge durch seine geografische Lage und die Elbe mit Durchgangsverkehr des Handels zwischen Dresden und Böhmen geprägt. So ist auch der Kurort Bad Schandau aus einem Handelsposten entstanden. Nicht selten kam es dabei zu Raubzügen und Überfällen, weshalb Festungen wie etwa die Felsenburg Königstein unter anderem zur militärischen Sicherung und als Ort der Zuflucht in Kriegszeiten dienten.

## Vom aufkommenden Tourismus bis zum Nationalpark

Im gleichen Zuge kam es zu einer Verklärung der bizarren Landschaft durch Schweizer Kunstschaffende der Romantik. Die beiden Maler Adrian Zingg und Anton Graf waren ergriffen von dem urwaldähnlichen Gebirge, das sie so sehr an ihre Schweizer Heimat erinnerte. Zur Unterscheidung von ihrem Heimatland sollen sie in einem Briefwechsel von Sächsischer und Böhmischer Schweiz geschrieben haben. Die Begriffe setzten sich durch und die Liebe zu der Region beflügelte immer mehr Menschen, zur Sommerfrische in das Elbsandsteingebirge zu reisen. Die Infrastrukturen wurden vorangetrieben – eine Bahnlinie sowie der Dampf-

*Die drei Wiesensteine sind beliebte Kletterfelsen (Etappe 4)*

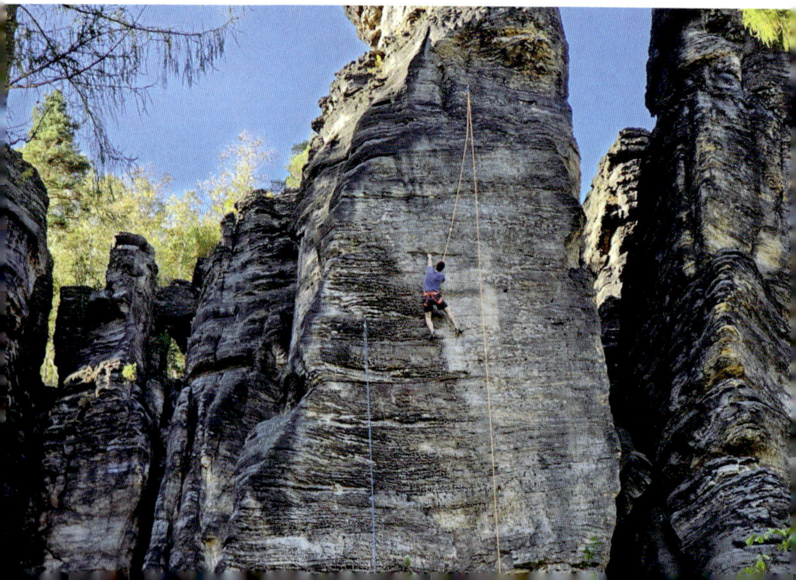

schifffahrtsverkehr erleichterten die Anreise aus den größeren Städten. Im Gleichschritt gründeten sich Klettervereine links- wie rechtselbisch. Insbesondere das Bielatal gehört zu einem der beliebtesten Klettergebiete des Elbsandsteingebirges. Nach zahlreichen Erstbesteigungen zum Ende des 19. Jahrhunderts bestimmte die Gründung des Sächsischen Bergsteigerbundes e. V. die Weiterentwicklung des Elbsandsteingebirges zum größten nichtalpinen Klettergebiet Deutschlands maßgeblich mit. Einen abermaligen Höhepunkt erreichte das Klettern in den 1980er-Jahren: Allein im Jahr 1985 erfolgten knapp 800 Erstbesteigungen der Felsen. Inzwischen gilt die Sächsische Schweiz als vollständig erschlossen.

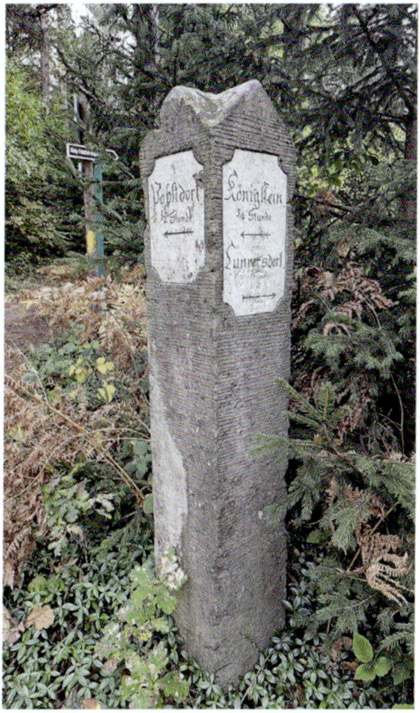

*Historischer Wegweiser*

Der Tourismus kam jedoch zum Ende des Zweiten Weltkrieges zum Erliegen. Politische Zerwürfnisse, die sich erst zu Zeiten der innerdeutschen Wiedervereinigung allmählich lösten, forderten in dem Grenzgebiet vor allem auf tschechischer Seite hohen Tribut. Anders verhielt es sich auf der sächsischen Seite, dort blühte der Bergsport zu Zeiten der DDR auf. Bereits früh drängte deshalb die Politik auf den Schutz der außergewöhnlichen Landschaft. Dieses Vorhaben mündete zwischen den Jahren 1990 und 2000 in der Schaffung zweier Nationalparks: dem Nationalpark Sächsische Schweiz und dem Nationalpark Böhmische Schweiz. Die beiden Nationalparks liegen jeweils rechtselbisch, bilden aber mit den Landschaftsschutzgebieten eine grenzüberschreitende Nationalparkregion.

# Reise-Infos von A bis Z

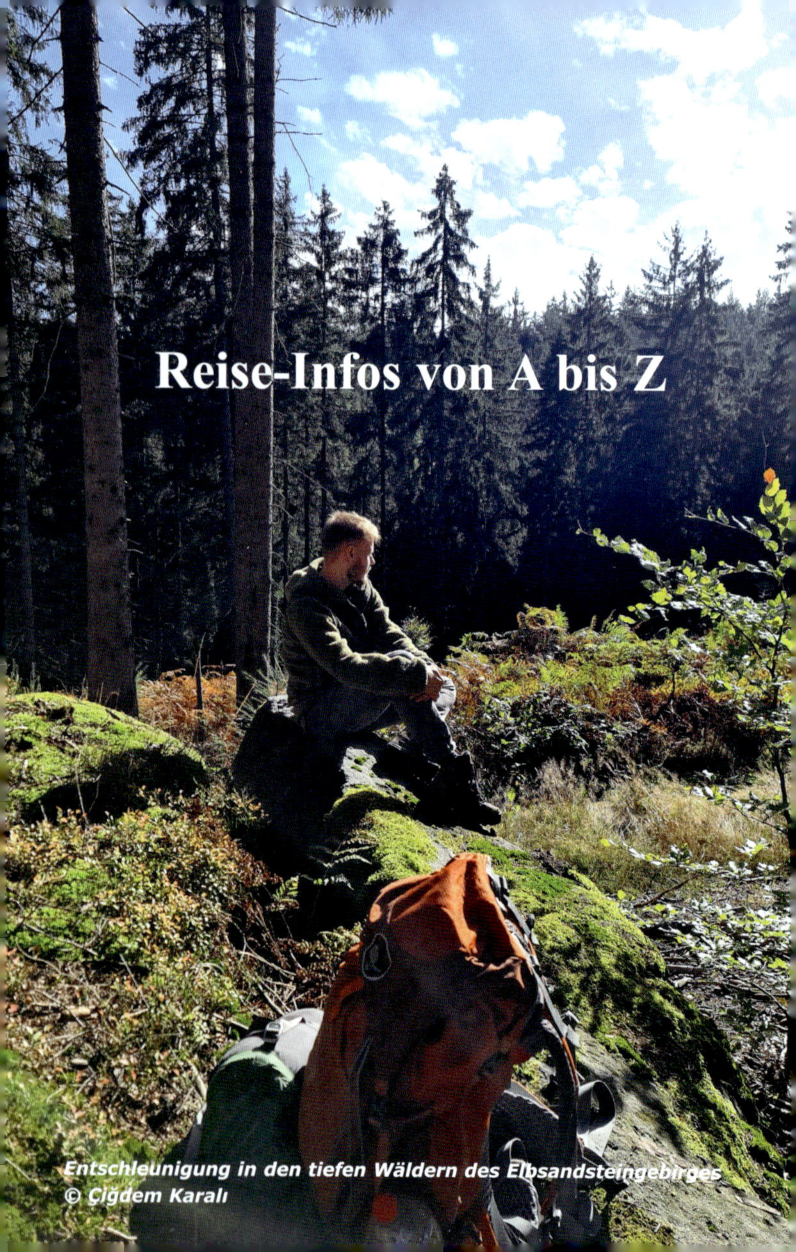

*Entschleunigung in den tiefen Wäldern des Elbsandsteingebirges*
*© Çiğdem Karalı*

# An- und Abreise

## Mit der Bahn

Die beiden Ausgangspunkte Reinhardtsdorf-Schöna und Bad Schandau sind an die Bahn angebunden. Die S-Bahn 1 von Meißen verkehrt fast halbstündlich über Dresden und Bad Schandau und endet in Reinhardtsdorf-Schöna. Zusätzlich verkehrt im Zwei-Stunden-Takt der internationale Fernverkehrszug EC 171 von Berlin über Dresden nach Prag. Ausstiegsmöglichkeit besteht beim EC 171 nur in Bad Schandau. Es bietet sich an, mit dem Fernverkehr über Dresden anzureisen und in eine der beiden Bahnen umzusteigen.

☺ Planen Sie die Anreise rechtzeitig im Voraus, können Sie von den Frühbucherangeboten der Deutschen Bahn profitieren. Zur Reiseplanung empfiehlt sich der DB-Navigator als App für das Smartphone oder die Homepage der Deutschen Bahn.

💻 www.bahn.de

## Mit dem Bus

Weder Bad Schandau noch Reinhardtsdorf-Schöna sind an den überregionalen Busverkehr angeschlossen. Fahrten mit dem Bus können daher nur bis Dresden erfolgen. Von dort führen die genannten Bahnen zu den beiden Ausgangspunkten Bad Schandau und Reinhardtsdorf-Schöna.

## Mit dem Pkw

Aufgrund des Wegeverlaufs des Forststeiges Elbsandstein ist auch eine Anreise mit dem Pkw denkbar. Hierzu bietet es sich an, mit dem Pkw nach Bad Schandau und mit der Bahn weiter zum Ausgangspunkt Reinhardtsdorf-Schöna zu fahren – somit können Sie am Ende der Wanderung bequem in den Pkw steigen – oder umgekehrt. Bad Schandau wie auch Reinhardtsdorf-Schöna sind über die B172 von Pirna aus zu erreichen. Nach Pirna gelangen Sie über die A17 und die gleichnamige Ausfahrt.

Der Park+Ride-Parkplatz direkt am Nationalparkbahnhof in Bad Schandau bietet ausreichend kostenfreie Parkplätze mit unbegrenzter Parkdauer. In Reinhardtsdorf-Schöna bietet sich der kostenfreie Parkplatz gegenüber der Tourist-Info in der Waldbadstraße nahe dem Ehrenmal an. Von dort aus sind es jedoch rund 3,4 km zum Einstieg in den Forststeig.

## Mit dem Schiff

Eine Anreise mit dem Schiff ist von Dresden aus ebenso denkbar. Die Sächsische Dampfschifffahrt bietet regelmäßige Fahrten an. Endstation ist die Anlegestelle in Bad Schandau. Von dort aus können Sie mit der Bahn weiter nach Reinhardtsdorf-Schöna reisen. Derzeit verbindet die Elbtallinie L34 Dresden mit dem Kurort der Sächsischen Schweiz.

www.saechsische-dampfschifffahrt.de

# Ausrüstung

Für die Wanderung auf dem Forststeig Elbsandstein bedarf es einer guten Planung und Vorbereitung hinsichtlich der Wanderausrüstung. Es sollten Abwägungen getroffen werden, was in den sieben Tagen wirklich benötigt wird, da jedes Gramm gerade bei den oftmals steilen Pfaden zählt. Aufgrund der Besonderheit, dass der Forststeig Elbsandstein Übernachtungen in freier Natur bietet, ist neben Zelt, Schlafsack und Isomatte auch an Kochgeschirr, Kocher und Feuerzeug für unterwegs sowie an ausreichend Nahrung zu denken. Es besteht hier und da die Möglichkeit, den Weitwanderweg für einen Versorgungseinkauf zu verlassen oder unterwegs einzukehren, aber der Reiz des Forststeiges Elbsandstein liegt sicher darin, möglichst autark durch die Wälder zu wandern. Eine Gaskartusche mit 230 Gramm genügt zum Erhitzen des Wassers für zwei Personen über den gesamten Zeitraum der Etappen. Reparaturkits oder Gewebeklebeband ergänzen das Portfolio, sollte etwas an der Ausrüstung kaputtgehen.

Insbesondere die Wasserversorgung kann sich in den trockenen Perioden schwierig gestalten. Insgesamt gibt es auf den 105 km wenige Quellen, die brauchbares Frischwasser bereithalten. Dennoch sind gerade die ersten fünf Etappen recht wasserreich, wenn auch aufgrund von Bächen und Flüssen. Die letzten beiden Etappen müssen strategisch angegangen werden. Damit das Wasser risikoarm genossen werden kann, empfiehlt es sich, Lösungen zur Wasseraufbereitung mitzuführen. Eine gute Option sind bspw. Wasserfilter, die direkt auf den Schraubverschluss handelsüblicher PET-Flaschen aufgeschraubt werden können. Pro Person sollten je rund drei Liter Wasser pro Tag eingeplant werden. Günstig ist es, an jeder Möglichkeit, mindestens aber an der letzten vor der geplanten Übernachtungsstätte das Wasser voll aufzufüllen.

An den ausgewiesenen Biwakplätzen und Waldhütten steht jeweils eine Trockentoilette (an Toilettenpapier sollte gedacht werden) sowie an den Waldhütten oftmals aufgefangenes Regenwasser als Brauchwasser (kein Trinkwasser) bereit. Aus ökologischen Gründen sollte auf Seife, soweit es das eigene Hygienebefinden zulässt, verzichtet werden. Als Dusche Marke Eigenbau kann eine Wasserblase dienen, an der sich ein Karabiner zum Aufhängen befestigen lässt. Schrauben Sie nun einen durchlöcherten Deckel einer ausrangierten Wasserflasche auf, tröpfelt das Duschwasser hindurch.

Zur Versorgung mit Strom sollte eine starke Powerbank mitgenommen werden. Die Leistung ist entsprechend dem eigenen Bedarf zu wählen. Wer das Smartphone nur für Notfälle mit sich führt, benötigt weniger Strom als Wandernde, die viel fotografieren. Zudem sollte an ein GPS-Gerät mit dem entsprechenden Track gedacht werden, da der Forststeig Elbsandstein an einigen Stellen uneindeutig beschildert ist. Eine Stirnlampe für die Nacht sowie für Höhlenerkundungen ergänzt den technologischen Teil der Ausrüstung.

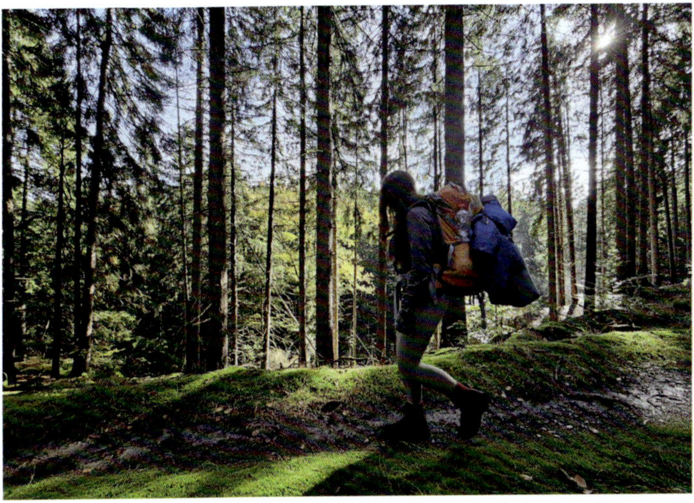

*Auf dem Höhenweg oberhalb des Fuchsbaches (Etappe 5)*

Es empfiehlt sich, wasserresistentes, knöchelhohes Schuhwerk und ausreichend regenfeste Kleidung dabeizuhaben. Hierbei kann es sich entweder um Regenjacken, Regenhosen und Regenschutz für den Rucksack oder um ein großes Regencape handeln. Für die kälteren Monate sollten Sie Schal, Mütze sowie ausreichend Funktionskleidung parat haben, da es auf den Tafelbergen ordentlich ziehen kann. Für gewöhnlich bietet sich auch hier das Zwiebelprinzip an, nur um einige wärmere Schichten ergänzt. Zwar sollte der Forststeig Elbsandstein im Winter oder bei Schneefall nicht begangen werden (☞ Klima- und Reisezeit), aber auch die Frühjahrs- sowie Herbstnächte können sehr kalt werden. Daher sollten Sie in dieser Zeit an dickere Wärmeschichten denken.

Der Rucksack sollte je nach gewünschtem Komfort die entsprechende Größe aufweisen. Je nach mitgeführter Ausrüstung benötigen Sie einen Rucksack mit um die 40 bis 50 Liter Volumen, er sollte jedoch keinesfalls mehr als 15 kg wiegen.

Wie bei allen längeren Wanderungen sollte eine vollständige Reiseapotheke eingepackt werden. Darüber hinaus empfiehlt es sich, rechtzeitig für eine Impfung gegen FSME zu sorgen und eine Zeckenzange parat zu haben (☞ Gesundheit), insbesondere auch, da sich einige Pfad durch das Unterholz schlängeln.

## Einkaufen

Der Forststeig Elbsandstein verläuft nicht direkt durch Ortschaften und tangiert nur kleinere Orte, in seltenen Fällen kann aber mit ein wenig läuferischem Mehraufwand in kleinen Lebensmittelläden eingekauft werden. Besser ist es aber, auf das Angebot der Forststeigpartner zurückzugreifen. Diese bieten Wandernden gegen ein geringes Entgelt an, Verpflegung für die Wanderung zu erwerben. Wer erwägt, unterwegs in jeder möglichen Gaststätte zu speisen, sollte dennoch Verpflegung mit sich führen, die für mindestens drei volle Tage auskömmlich ist. Dies gilt auch für jene, die die Nacht in Pensionen usw. verbringen, denn nicht jede bietet Verpflegung an. Da der Forststeig Elbsandstein die Chance bietet, über mehrere Tage die Zivilisation zu meiden, entfaltet der Weitwanderweg das volle Potenzial erst, wenn Sie Ihre eigene Verpflegung für die Wanderung mitbringen. Trockennahrung, die vor Ort mit Wasser aufgekocht wird, muss dabei nicht spröde sein. Zahlreiche nahrhafte Rezeptideen kursieren im Internet, bspw. Couscous mit Mandelstiften und Aprikosen oder Frühstücksgrießbrei mit Nüssen und Schokoladenstückchen.

📖 **Kochen ultraleicht: Ausrüstung · Proviant · Rezepte** von Stefan Kuhn, Basiswissen für draußen, OutdoorHandbuch 424, Conrad Stein Verlag, ISBN 978-3-86686-578-5, € 9,90

♦ **Kochen aus Rucksack und Packtasche** von Nicola Boll, Basiswissen für draußen, OutdoorHandbuch 8, Conrad Stein Verlag, ISBN 978-3-86686-693-5, € 10,90

- **Vegetarisch kochen: Einfache Rezepte für unterwegs** von Michael Hennemann, Basiswissen für draußen, OutdoorHandbuch 466, Conrad Stein Verlag, ISBN 978-3-86686-674-4, € 9,90

**Frisches Trinkwasser ist an den wenigsten Biwak- und Hüttenplätzen vorhanden. Daher ist strategisches Planen notwendig.** In den Etappenbeschreibungen wird präzise auf die Wasserversorgung unterwegs eingegangen. In allen Fällen empfiehlt sich das Mitnehmen eines Wasserfilters (☞ Ausrüstung).

## Elektrizität

Eine Powerbank gehört inzwischen zum Standardgepäck beim Weitwandern und Zelten. Ein Rucksack-Solarmodul lohnt sich kaum, da der Forststeig Elbsandstein vor allem durch schattige Wälder führt. Wer Bedarf an besonders viel Strom hat (bspw. zum Fotografieren), sollte eher auf eine Ersatzpowerbank setzen oder eine Zwischenübernachtung in einer Unterkunft zum Wiederaufladen des gesamten Equipments einplanen. Die Steckdosen auf tschechischer Seite sind mit den deutschen Anschlüssen kompatibel, solange Sie einen flachen Stecker verwenden. Da in Tschechien Typ E gängig ist, benötigen Sie erst bei einem runden Schukostecker Typ F einen Adapter.

## Essen und Trinken

Wer an die Böhmisch-Sächsische Schweiz denkt, hat zuallererst herzhafte Speisen im Sinn, die mit einem süffigen Pils genossen werden: Köstliche Schmortöpfe mit Kraut, Sauerbraten und Wildgerichte mit Preiselbeeren dominieren die hiesige Speisekarte. Deftige fleischhaltige wie auch fleischlose Eintöpfe werden traditionell mit viel Knoblauch und Kümmel zubereitet. So auch die Knoblauchsuppe, die auf keiner Speisekarte auf tschechischer Seite fehlen darf. Krautwickel, auch Kohlrouladen oder Kohlrollen genannt, sind beliebte Klassiker der Küche im Elbsandsteingebirge.

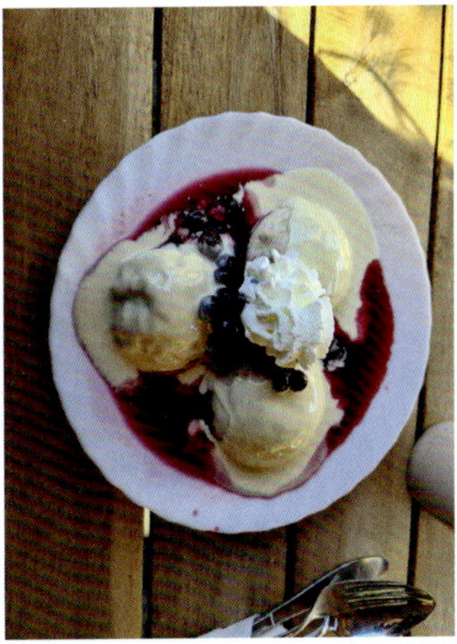

*Mehr als sättigend – Hefeknödel mit Kompott © Çiğdem Karalı*

Im Mittelgebirge gehören eine Vielzahl von Kartoffelgerichten zur traditionellen Ernährung, so auch Knödel oder Kartoffelpuffer, etwa mit sächsischer Speckstippe. Eine Spezialität ist auch der in Scheiben geschnittene böhmische Knödel, der oftmals als Beilage deftiger Gerichte gereicht wird. Auch Vegetarierinnen und Vegetarier kommen auf ihre Kosten: In der Böhmischen Schweiz werden der hochkalorische panierte Käse Smažený sýr sowie Halušky, eine Art Käsespätzle, serviert. Zum Nachtisch gibt es Quarkkeulchen, Eierschecken oder Palatschinken. Satt machen aber auch die Hefeknödel mit Vanillesoße und Fruchtkompott.

## Geld

Forststeigwandernde, die sich dazu entscheiden, im Zelt oder den Trekkinghütten zu übernachten und ihre eigenen Gerichte zu essen, benötigen lediglich im Vorfeld die Trekkingtickets (☞ Übernachtungen). Diese berechtigen für € 10 pro Person zu einer Übernachtung. Die Tickets können bspw. am Nationalparkbahnhof Bad Schandau mit Karte bezahlt werden. Alle Verkaufsstellen finden Sie unter:
💻 www.forststeig.de

Die Versorgung mit Geldautomaten in den kleineren Ortschaften ist in den letzten Jahren lückiger geworden. Wandernde, die in Unterkünften übernachten, können als Anhaltspunkt pro Tag für Frühstück und Abendessen sowie eine einfache Unterkunft mit rund € 60 pro Person rechnen. Aufgrund der oftmals kleinen Struktur der gastronomischen und Beherbergungsbetriebe sollte genügend Bargeld mitgebracht werden. Wandernde, die in größeren und hochpreisigen Hotels in den touristischen Orten Tisá oder im Bielatal übernachten, können oft mit Karte zahlen.

Für die kleine Stippvisite nach Tschechien muss in der Regel kein Geld gewechselt werden. Viele der grenznahen Unterkünfte nehmen auch Euro. Lediglich Wandernde, die im kleinen Lebensmittelladen in Tisá einkaufen wollen, benötigen tschechische Kronen. Zwar steht in Tisá ein Geldautomat, der auch Kronen auszahlt, aber die Gebühren sind dort ausgesprochen hoch. Von einer Auszahlung ist abzuraten.

## Gesundheit

Die medizinische Versorgung ist in der Grenzregion Deutschland-Tschechien ausgedünnt. Die an den Forststeig Elbsandstein angrenzenden Ortschaften haben selten eine ärztliche Praxis oder Apotheke. Der medizinische Ankerpunkt der Region ist Bad Schandau. Da der Forststeig Elbsandstein als Rundweg angelegt ist, entfernen Sie sich zwar nicht allzu weit von Bad Schandau, Sie sollten dennoch eine ausreichende medizinische Versorgung in Form einer kleinen Notfallapotheke parat haben. Dazu gehören neben Verbandszeug, Equipment zur Wundversorgung, benötigte Medikamente und Schmerztabletten auch Zeckenzange und Mückenspray. Da sich der Forststeig Elbsandstein immer wieder als schmaler Trampelfpad durch das Unterholz schlängelt, sollten Sie sich rechtzeitig gegen FSME impfen lassen. Eine frühzeitige ärztliche Beratung wird empfohlen. Geschlossene Kleidung, vor allem lange Hosen, in Kombination mit Insektenspray schützt zusätzlich vor den kleinen Plagegeistern. Inzwischen gibt es Wanderbekleidung, die explizit gegen natürliche Störenfriede hilft.

Um sicher unterwegs zu sein, sollten Sie mit GPS wandern und regelmäßig Ihren Standort an Angehörige durchgeben. Die Sächsische Bergrettung hat eine Station in Bad Schandau und im Bielatal.

☏ Telefonnummer Bergwacht: 112

# Information

Möchten Sie sich mehr Informationen über das Elbsandsteingebirge einholen, so können Sie dies am besten über die länderübergreifende Tourismusseite des Elbsandsteingebirges tun. Neben Informationen zum Wandern bietet die Plattform auch Wissenswertes zu weiteren Themen an, z. B. zu Freizeitaktivitäten im Elbsandsteingebirge, kulinarischen Angeboten sowie spannenden Events und Veranstaltungen.

💻 www.elbsandsteingebirge.de

Fremdenverkehrsämter und Tourismusinformationsstellen befinden sich in den am Forststeig Elbsandstein angrenzenden Ortschaften.

Auch die Seite 💻 www.saechsische-schweiz.de bietet einen guten Überblick.

Weiterführende Informationen zum Forststeig Elbsandstein bietet die Internetseite des Sachsenforstes (💻 www.forststeig.de). Auf der Seite finden Sie zahlreiche praktische Tipps zu den Biwak- und Hüttenplätzen und aktuellen Wegesperrungen und eine Liste aller Verkaufsstellen des Trekkingtickets.

☺ Dem Sachsenforst obliegen die Markierung und Pflege des Forststeiges Elbsandstein. Mitunter fallen im Jahresverlauf Forstarbeiten an, sodass es zeitweise zu Streckensperrungen kommen kann. Aktuelle Auskünfte sollten Sie sich daher im Vorhinein einholen. Bei Fragen unterwegs erreichen Sie den Sachsenforst unter ☏ 035 96/58 57-10.

## Klima und Reisezeit

Klimatisch herrscht im Elbsandsteingebirge eine Form des Kontinentalklimas, die insgesamt im Vergleich zu anderen Mittelgebirgen als niederschlagsärmer bezeichnet wird. Dabei unterscheidet sich das rechts- und linkselbische Areal vom Gebiet um das Elbtal. Im Vergleich zum rechts- und linkselbischen Teil mit rund 900 mm Jahresniederschlag und einer mittleren Jahrestemperatur von rund 7 Grad ist das Elbtal niederschlagsarm. Rund zwei Drittel des gesamten Jahresniederschlags entfallen auf die Sommermonate. In dieser Zeit kann es auch zu Starkregenereignissen kommen. An diesen Tagen sollten die Felsen und engen Schluchten gemieden und die Wanderung unterbrochen werden. Der Blick auf das anstehende Wetter gehört daher zum allmorgendlichen Ritual.

Gerade im Winterhalbjahr macht sich der Böhmische Wind bemerkbar, eine schwere Kaltluft, die sich infolge eines Hochdruckgebietes im Böhmischen Becken sammelt und aufgrund der umliegenden Mittelgebirge kaum entweichen kann. Sichtbar wird das besondere Wetterphänomen vor allem durch eine lang anhaltende, hochnebelähnliche Wolkenbildung (Inversionswetterlage). An den wenigen Stellen, an denen die Kaltluft abfließen kann, kommt es teilweise zu recht hoher Windstärke. Das Elbtal ist genau jene Schneise, in der die Luft dem Böhmischen Becken entweichen kann. Staut sich die kalte Luft einmal zu sehr, schwappt sie auch über die Kammlagen als zäh fließender Nebel.

Grundsätzlich variiert das Mikroklima im Elbsandsteingebirge wegen des stark zerfurchten Reliefs. Binnen weniger Gehminuten können verschiedenste Klimata und thermische Gegensätze auftreten. Während sich der aus den Wäldern emporragende Sandstein stark aufwärmen kann und als tendenziell karg und trocken wahrgenommen wird, kommt es in den Schluchten und an den Bächen zur Ansammlung feuchtkalter „Kellerluft“. Gerade Pflanzenliebhabende kommen daher auf ihre Kosten, denn eine klimatische Vielfalt begünstigt auch eine hohe pflanzliche Diversität.

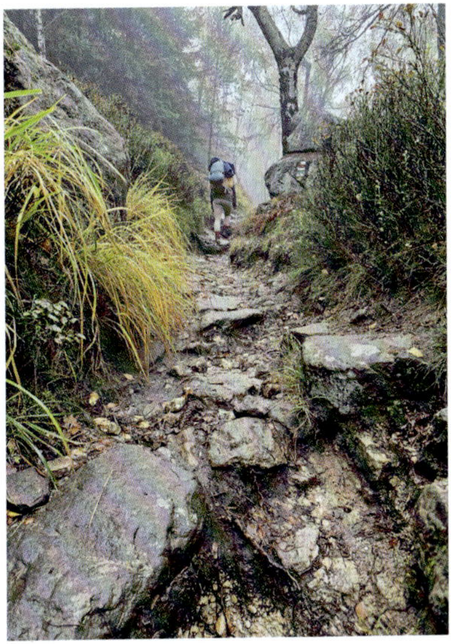

*Aufstieg über nasse Felsen zum Hohen Schneeberg im Herbst*

Es mag zwar verlockend sein, sich den Forststeig Elbsandstein auch in der schneereichen Jahreszeit zu erwandern, aber die Biwaks und Waldhütten bieten nur von April bis Ende Oktober Übernachtungsmöglichkeiten für Wandernde. Auch einige Unterkünfte haben in der Winterzeit geschlossen. Zudem wird die Markierung in den Wintermonaten zurückgebaut, sodass die Orientierung erschwert ist. Ursächlich dafür ist, dass Sie im Landschaftsschutzgebiet und damit in einem sensiblen Bereich wandern, in dem der Natur Zeit zur Regeneration geboten werden soll.

Weiter ist die Begehung einiger Passagen des Forststeiges Elbsandstein gerade bei starkem Unwetter oder Schneefall nicht empfehlenswert oder gar gefährlich. Zum einen erwandern Sie sich mitunter naturnahe und damit totholzreiche Wälder. Diese bergen gängige Gefahren, wie herabfallende Äste bei Sturm. Zum anderen winden sich viele Wege als steiler Steig die Tafelberge hinauf. Kleinere Klettereinlagen und Metallstiegen erfordern ein wenig Trittsicherheit. Daher sollte auf eine Winterwanderung verzichtet und der Forststeig Elbsandstein nur in der vorgegebenen Saison bewandert werden. Die Begehung des Forststeiges geschieht auf eigene Gefahr.

## Landkarten & GPS

Der Forststeig Elbsandstein ist in Teilen gut markiert. Allerdings verlaufen oftmals viele kleine Pfade nebeneinander und zwischen den Irrgängen der Felsen wird es schnell mal unübersichtlich. Eine Orientierung via Karte oder vor allem via GPS-Gerät ist daher für den Forststeig Elbsandstein durchaus sinnvoll. (Digitales) Kartenmaterial ergänzt auch dann die bestehende Markierung, wenn Sie die vielen beschriebenen Orte abseits des Weges erkunden möchten oder an einer Quelle

Wasser für die Nacht im Freien schöpfen wollen. Immer wieder ergeben sich unweit des Forststeiges kleine Aussichtspunkte und es lassen sich Höhlen oder versteckte kulturhistorische Relikte erkunden, die vom Forststeig Elbsandstein aus unbeschildert sind. Im Buch wird auf diese Möglichkeiten hingewiesen.

Um sich auf dem Forststeig Elbsandstein wirklich orientieren zu können, werden in der Regel mehrere Karten benötigt. Der Verlag Sachsen-Kartografie bietet wetterfestes Kartenmaterial im Maßstab 1:15.000 an. Unglücklicherweise ist der Forststeig Elbsandstein auf drei Karten verteilt, sodass Karte 10 (ISBN 978-3868430103), 91 (ISBN 978-3868430912) sowie Karte 95 (ISBN 978-3868430950) benötigt werden. Zwar besteht mit der Karte 17 auch Kartenmaterial, das den Forststeig Elbsandstein in einer Karte zusammenfasst, aufgrund des kleineren Maßstabs von 1:33.000 genügt dies aber nur für einen Überblick (ISBN 978-3868430172).

Liebhaberstücke gibt es in Gestalt der schönen handgezeichneten Karten vom Kartographischen Verlag Rolf Böhm. Wahlweise gibt es die Sächsische Schweiz im Maßstab 1:30.000 auf Papier (ISBN 978-3910181090) oder laminiert (ISBN 978-3910181311). Zudem bietet der Verlag auch Detailkarten im Maßstab 1:10.000 an, etwa vom Bielatal, von der Anfang 2024 eine Neuauflage erscheinen soll (ISBN 978-3910181052).

☺ Die Kartenangaben wurden von der Geobuchhandlung Kiel geprüft, ☏ 04 31/942 49.

Generell erspart es an vielen Stellen die Sucharbeit nach der nächsten gelben Markierung, der Quelle oder der Höhle, wenn Sie die gelbe Markierung mit GPS komplementieren. Inzwischen gibt es von zahlreichen Anbietern auch GPS-fähige Uhren für das Handgelenk. Den GPS-Track zur Tour inklusive eingezeichneter Orte und Quellen können Sie auf der Verlagsseite sowie auf der Seite des Forststeiges im gängigen GPX-Format herunterladen.

💻 www.conrad-stein-verlag.de

💻 www.forststeig.de

📖 **GPS – Grundlagen · Tourenplanung · Navigation** von Michael Hennemann, Basiswissen für draußen, OutdoorHandbuch 375, Conrad Stein Verlag, ISBN 978-3-86686-769-7, € 12,90

Der Sachsenforst (💻 www.forststeig.de) informiert darüber hinaus über mögliche Streckensperrungen oder kurzfristige Wegänderungen.

## Literaturtipps

Reichlich Literatur stellt die Einzigartigkeit der pittoresken Landschaft in den Fokus. Einen gelungen Rundumblick über die Landschaft, Kultur, Sehenswürdigkeiten, Festlichkeiten und gastronomischen Genüsse bietet der Reise-Know-How-Reiseführer **„Sächsische Schweiz mit Dresden"** (ISBN 978-3831734931). Reiselust bringen die beiden Fotobände **„Elbsandsteingebirge: Vom Erleben der Landschaft"** (ISBN 978-3898767743) und **„Faszination Sächsische Schweiz"** (ISBN 978-3947657018), die die Wälder und Tafelberge mystisch in Szene setzen.

Wen die Kletterlust packt, dem sei der Kletterführer **„Elbsandstein Plaisir"** (ISBN 978-3956110719) ans Herz gelegt. Für eine Detailbeschreibung der Höhlen, die im Verlauf der Wanderung besichtigt werden können, lohnt sich der Blick in die beiden Bände **„Der Höhlenführer: Elbsandsteingebirge und angrenzende Gebiete" Band 1** (ISBN 978-3937537221) und **Band 2** (ISBN 978-3937537238).

Wer im Vorfeld einige Sagen lesen möchte, erhält mit dem Buch **„Sagen und Märchen aus der Sächsischen Schweiz"** (ISBN 978-3898767088) einen guten Überblick.

Der Nationalparkbahnhof Bad Schandau, die Tourist-Information in Tisá sowie der Campingplatz Pod Císařem halten darüber hinaus eine Vielfalt an kleinen Broschüren bereit.

Eine privat geführte Internetseite mit reichhaltigen Informationen rund um Wanderungen und Entdeckungen in der Sächsischen Schweiz ist 💻 www.wandern-saechsische-schweiz.de. Informationen zu Forststeigpartnern und Übernachtungen finden Sie auf der Internetseite 💻 www.forststeig.de.

## Markierungen

Der Forststeig Elbsandstein wird auf deutscher Seite mit einem gelben Farbstrich markiert. Dieser findet sich im Wechsel mal an Bäumen, mal an den Felsen und seltener als Holzpflock. Achtsamkeit ist bei einem gelben Doppelstrich gefragt, denn Abbiegehinweise bestehen in Form von einem nach oben versetzten weiteren gelben Strich. Da die tschechische Forstverwaltung für den Forststeig Elbsandstein keine zusätzlichen Markierungen anbringen wollte, ändert sich dort die Farbe der Markierung. Das ist etwas unübersichtlich, da an den meisten Stellen zwar Rot verwendet wird, jedoch auch hier und da einer grünen Markierung gefolgt werden muss. Darüber hinaus geht die Farbe Gelb nicht selten vor allem im herbstlichen Blattwerk und in den mannshohen Farnen unter oder Pfade schlängeln sich zwischen Bäume und Felsenlandschaften hindurch, sodass sich die Suche nach der Markierung unübersichtlich gestalten kann. Um dem zu begegnen und Zusatzkilometer durch falsches Abbiegen zu vermeiden, lohnt sich der Blick ins Buch oder auf das GPS-Gerät.

Anders als in anderen Regionen verwaltet der Sachsenforst den Forststeig Elbsandstein und pflegt diesen mit hohem Aufwand. Sollten einmal Baumfällarbeiten oder andere forstwirtschaftliche Tätigkeiten den eigentlichen Wegeverlauf blockieren, werden rasch entfernungsarme Alternativen mit Holzpflöcken ausgeschildert. Dies funktioniert in aller Regel gut.

## Naturschutz

Im Elbsandsteingebirge bekommen Sie aufgrund des stark zerfurchten Reliefs und des infolgedessen variierenden Mikroklimas einen hohen Artenreichtum in kleinsten Refugien geboten: von terrestrischen Extremstandorten mit Kiefer-Heide-Wäldern in den trockenen, kargen Hochebenen mit Brütern in schwer zu erreichenden Felsrevieren über farn- und moosreiche Hangwaldkomplexe, tief eingekerbte, feuchtkalte Eschen-Ahorn-Schlucht-Wälder und Birken-Eichen-Wälder mit stark ausgeprägtem Heidelbeer- und Preiselbeerunterwuchs bis hin zu störungsempfindlichen, dunklen Höhlensystemen im zerrissenen Sandstein. Das Elbsandsteingebirge weist eine Vielzahl an Biotopen und eine hohe Biodiversität auf. Zwar mag das Gebiet rund um den Forststeig Elbsandstein keinen der beiden Nationalparks tangieren, Sie wandern aber im Landschaftsschutzgebiet durch zahlreiche Flächennaturdenkmäler, wie dem Gohrisch oder dem Papststein.

Einen Beitrag zur Aufrechterhaltung dieser wertvollen Umgebung können alle leisten, dafür gibt es einfache Regeln:

▷ Nehmen Sie Ihre mitgebrachten Abfälle mit und entsorgen Sie diese erst in den Unterkünften, den Ortschaften oder nach Beendigung der Wanderung.

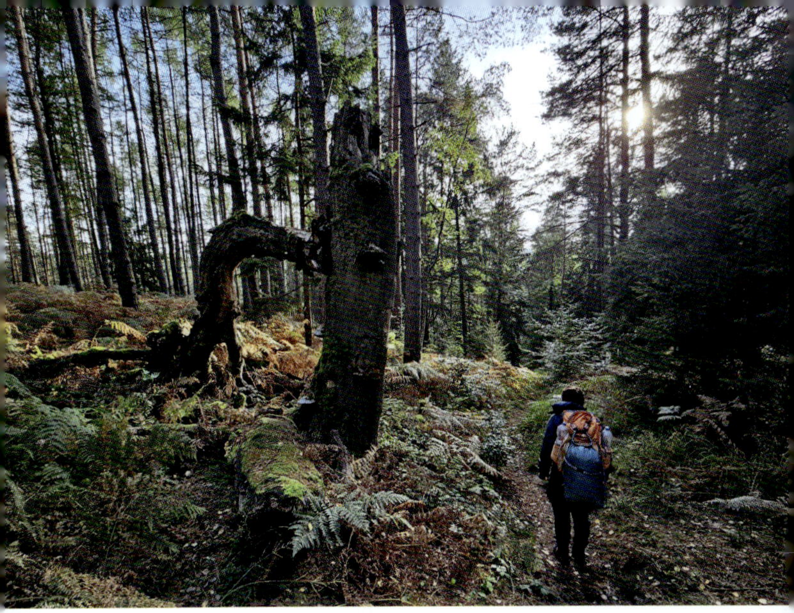

*Auch Baumveteranen säumen den Weg*

- ▷ Verlassen Sie die Wege nicht und suchen Sie keine eigenen Querfeldeinabkürzungen.
- ▷ Verhalten Sie sich ruhig und erschrecken Sie weder die Wildtiere noch das Weidevieh.
- ▷ Schlagen Sie Ihr Zelt nicht außerhalb der vorgesehenen Biwakplätze auf.
- ▷ Entzünden Sie kein offenes Feuer und nutzen Sie zum Erhitzen Ihrer Mahlzeiten die dafür vorgesehenen Bereiche. An den Biwaks und Trekkinghütten gibt es Tische mit eingelassenem Metallstreifen als Prävention gegen Waldbrand. Auf diesen Metallstreifen im Tisch darf mit dem Kocher das Essen erhitzt werden. Werfen Sie keinesfalls Zigarettenstummel in die Waldlandschaft. Der Forststeig Elbsandstein ist sozusagen ein Nichtraucherwanderweg.
- ▷ Wandern Sie nicht außerhalb der vorgegebenen Saison von April bis Ende Oktober.
- ▷ Drohnen aufsteigen zu lassen ist verboten. Auch wenn es reizvoll erscheint, steht dies im Konflikt mit dem Charakter eines Landschaftsschutzgebietes, da es die vielen Felsbrüter, wie Schwarzstorch oder Hohltaube, aufschrecken kann.

## Notruf

Bei Notfällen wählen Sie die Nummern ☏ 112 sowie ☏ 116 117. Bei abgelegeneren Gebieten rückt im Elbsandsteingebirge die gut ausgebildete Bergwacht aus. Die tschechische Bergwacht erreichen Sie unter ☏ +420/12 10.

Die Polizei erreichen Sie unter der Nummer ☏ 110.

## Radfahren

Steil aufsteigende Pfade, kleine Kletterpartien über Felsen, Eisentreppen, starkes Gefälle und eine Routenführung durch Spalten, die selbst mit dem Rucksack eng werden, prägen die rund 105 km des Weitwanderweges. Dies bedeutet, dass das Befahren des Weges in den wenigsten Fällen mit dem Mountainbike möglich ist. Zudem verläuft der Weg durch sensible Naturgebiete, die keine zusätzliche Störung erfahren sollten. Möchten Sie das Elbsandsteingebirge per Rad erwandern, bieten sich aber genügend Alternativen an. Neben dem Elberadweg führen auch einige Radwege durch die Wälder entlang der sagenhaften Gesteinsformationen. Wie wäre es mit einer Tour durch die Talsohle des Bielatals?

Inspiration für Radtouren in der Sächsischen Schweiz bietet das Portal 💻 www.elbsandsteingebirge.de.

## Telefon und Internet

Nicht selten befinden Sie sich auf dem Forststeig Elbsandstein in einem Funkloch. Dann funktioniert weder Mobilfunk noch mobiles Internet und in den Felsschluchten fällt manchmal gar das GPS-Signal schwach aus. Notrufe mögen zwar weiterhin möglich sein, es empfiehlt sich hier aber eine Trillerpfeife, um bei drohender Gefahr auf sich aufmerksam zu machen. WLAN-Anschluss findet sich in einigen Unterkünften, jedoch nicht in jeder. Da Tschechien zur EU gehört und seit dem Jahr 2017 keine Gebühren mehr fürs Roaming anfallen, können Sie dort mit Ihrem gewohnten Vertrag telefonieren oder im Internet surfen.

## Sprache

Ein Großteil des Forststeiges Elbsandstein verläuft auf deutscher Seite. Voraussichtlich werden Sie ca. zwei Tage in Tschechien verbringen und dort mit einer anderen Sprache konfrontiert sein. Viele, jedoch nicht alle, sprechen die deutsche

Sprache aufgrund der Grenznähe mehr oder weniger gut. Verständigungsprobleme werden spätestens mit Englisch ausgeräumt. Bevorzugen Sie die Übernachtung im Zelt oder in den Trekkinghütten, erledigen sich Sprachbarrieren ohnehin. Wandernden unterwegs begegnen Sie mit einem freundlichen Ahoj (zu Dt. „Hallo").

## Übernachtungen

Das Highlight des Forststeiges Elbsandstein ist neben der Wegeführung, vorwiegend über Pfade, das einzigartige Übernachtungskonzept der Waldübernachtung. Sechs Biwaks werden durch fünf Trekkinghütten ergänzt. Die Dichte der Übernachtungsplätze erlaubt es vielfach, spontan zu entscheiden, wie lange die Wanderetappe noch geht, denn eine Reservierung ist derzeit nicht notwendig. Klasse! Auch bei hoher Auslastung wird allen Wandernden ein Schlafplatz geboten. In jedem Fall benötigen Sie mindestens Isomatte, Schlafsack sowie Zelt oder Vergleichbares. Sobald auf den Biwakplätzen Zehrborn und Quirl die kleinen Schlafkojen errichtet wurden (voraussichtlich im Laufe des Jahres 2024), ist die Wanderung auch nur mit Schlafsack und Isomatte möglich.

Relevant ist es, im Vorfeld abzuschätzen, wie viele Übernachtungen Sie auf dem Forststeig Elbsandstein verbringen möchten, denn Sie benötigen eine ausreichende Anzahl an Trekkingtickets für die Zeit auf dem Forststeig Elbsandstein. Das Trekkingticket berechtigt eine Person zu einer Waldübernachtung. Dies bedeutet, dass, wenn in einem Zweipersonenzelt zwei Wandernde übernachten, auch zwei Trekkingtickets eingelöst werden müssen. Allabendliche Kontrollen sorgen für eine faire und geregelte Nutzung der Plätze. Das Ticket muss bei Ankunft in zwei Teile gerissen werden. Beide Teile werden mit dem Übernachtungsdatum versehen. Während der eine Teil gut sichtbar an das Zelt befestigt oder vor die Isomatte gelegt wird, wird der anderen Teil in eine dafür vorgesehene Box geworfen.

Die Trekkingtickets kosten nur € 10 pro Übernachtung und Person (Kinder und Jugendliche sogar nur € 1) und sind im Vorverkauf über 💻 www.forststeig.de oder vor Ort bei einem der Partnerbetriebe erhältlich. Entlang des Forststeiges Elbsandstein können an zwei Orten neue Trekkingtickets erworben werden: im Nationalparkbahnhof Bad Schandau sowie auf dem Campingplatz Pod Císařem in Ostrov am Ende der 2. Etappe.

Für den Kauf des Tickets bekommen Sie die Übernachtung. Es werden an jeder Waldübernachtung außerdem eine Komposttoilette sowie Brauchwasser vorgehalten. Bei den Trekkinghütten ist das Brennholz inklusive. Mit diesem können Sie die Hütte gemütlich erwärmen. Eine Reservierung ist nicht möglich. An Feiertagen, insbesondere verlängerten Wochenenden, sind die Waldübernachtungen beliebte Plätze für Kurzurlaube und daher äußerst frequentiert. Dies sollte bei der Planung beachtet werden.

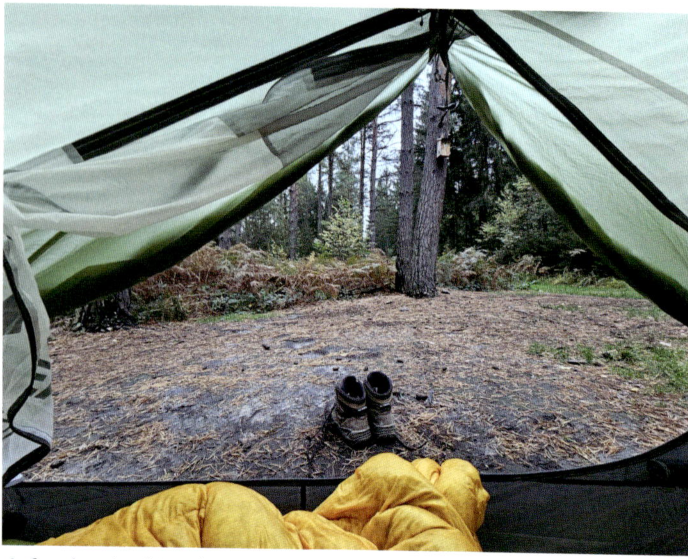

*Aufwachen inmitten des Waldes ist auf dem Forststeig möglich*

Die Waldübernachtung bringt einige Verhaltensregeln mit sich. Dafür hat der Sachsenforst einen Forststeig-Kodex zusammengestellt. Dieser dient dazu, die Tiere und die empfindliche Natur nicht zu stören.

- ▷ Machen Sie kein Feuer im Wald.
- ▷ Rauchen Sie nicht im Wald!
- ▷ Kochen Sie nur an den Kochstellen! Offenes Feuer ist in der Regel verboten. Nutzen Sie zum Kochen die in die Tische eingelassenen Metallplatten zur Vorbeugung von Waldbrand.
- ▷ Übernachten Sie im Wald nur in den Trekkinghütten und auf den Biwakplätzen!

- ▷ Machen Sie keinen Lärm im Wald!
- ▷ Hinterlassen Sie keinen Müll! An den Waldübernachtungen finden Sie keine Abfalleimer vor.
- ▷ Wandern Sie nicht in der Dämmerung oder nachts! Da die Dämmerung eine sensible Zeit für das Tierreich ist, sollten Sie immer bei Tageslicht ankommen und erst wieder nach Tagesanbruch aufbrechen. Sie dürfen zudem die Waldübernachtungen von 16:00 bis 10:00 Uhr nutzen.
- ▷ Bleiben Sie auf dem Pfad!
- ▷ Entwerten Sie die Trekkingtickets bei Ankunft am Übernachtungsplatz!
- ▷ Aufgrund der begrenzten Personenanzahl an den Waldübernachtungen eignen sich diese nicht für größere Gruppe. Gruppen ab fünf Personen wird empfohlen, in den aufgeführten Unterkünften zu übernachten.
- ▷ Waldübernachtungen dienen nur den Forststeigwandernden. Fahrradfahrende haben durch ihre Fortbewegungsart andere Möglichkeiten als Wandernde und werden gebeten, auf Unterkünfte auszuweichen.

Die Übernachtungen in den meist familiengeführten Hotels oder Pension ist ebenso möglich. Am Ende der Beschreibung der sieben Hauptetappen (☞ S. 114) wird kurz auf eine alternative Begehung ohne Waldübernachtung eingegangen. Bei dieser kann auf Zelt, Isomatte und Schlafsack verzichtet werden. Proviant sollte aber auch hier ausreichend mitgenommen werden. Während größere Hotels und Pensionen einen gastronomischen Anschluss bieten, entfällt dies bei der Übernachtung in Ferienwohnungen meist. In der Hochsaison in den Sommermonaten lohnt sich die frühzeitige Reservierung. In den Unterkunftsbeschreibungen werden die Preise jeweils für ein komplettes Einzelzimmer (EZ), Doppelzimmer (DZ) oder Mehrbettzimmer (MBZ) angegeben. Dabei werden die günstigsten Preise pro Nacht und Zimmer für eine Übernachtung genannt. Wichtig zu wissen ist, dass die Preise je nach Saison variieren können und oftmals bei einer weiteren Übernachtung deutlich günstiger werden. Zudem schwanken die Preise auf tschechischer Seite zusätzlich aufgrund des Wechselkurses. Preissensiblen Wandernden ist daher empfohlen, sich vor der Reservierung nochmals über den derzeitigen Stand zu informieren.

☹ Viele Unterkünfte nehmen Gäste erst ab einem Aufenthalt von mindestens zwei Nächten auf. Unpraktisch für Weitwandernde. In den Etappenbeschreibungen sind daher nur jene Unterkünfte aufgeführt, die auch Wandernden eine Unterkunft für eine Nacht bieten, oder es wird extra darauf hingewiesen.

# Updates

Der Conrad Stein Verlag veröffentlicht regelmäßig Aktualisierungen zu diesem Wanderführer im Internet. Berücksichtigen Sie daher noch einmal alle Neuerungen, bevor Sie zu dieser Wanderung aufbrechen. Die Updates finden Sie auf der Verlagsseite (💻 www.conrad-stein-verlag.de), wenn Sie dort diesen Titel suchen. Der abgebildete QR-Code führt Sie direkt dorthin.

# Verkehrsmittel am Weg

*Übersichtsplan der Buslinien*

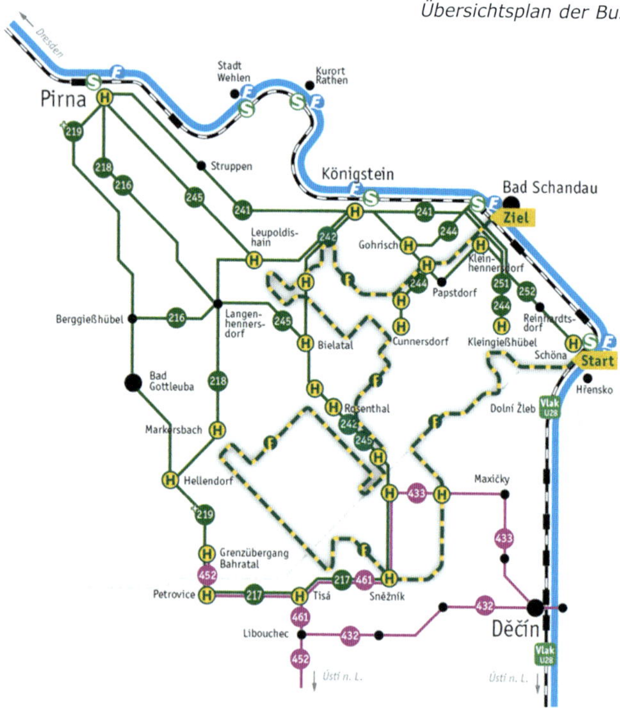

Das Elbsandsteingebirge ist für seine periphere Lage mit öffentlichen Verkehrsmitteln gut erschlossen. Auch die internationale Überfahrt ist aufgrund einer dafür eingerichteten Buslinie möglich. An vielen Stellen bietet sich daher auch die Busfahrt in einen nahe gelegenen Ort an, um dort zu übernachten. Dennoch muss man sich frühzeitig über den aktuellen Fahrplan und die Taktung informieren. Wer aber etwas Zeit mitbringt, kommt an sein gewünschtes Ziel. Einen guten Übersichtsplan finden Sie unter 💻 www.forststeig.de.

Informationen zum Regionalverkehr in der Sächsischen Schweiz finden Sie auf 💻 www.rvsoe.de oder 💻 www.vvo-online.de. Bei der zweiten Internetseite handelt es sich um den Verkehrsverbund Oberelbe, der ebenso die aktuellen Fahrpläne für den Fährbetrieb bereithält.

☺ Der Forststeig mäandert auf einer relativ kleinen Fläche. An vielen Stellen ergeben sich daher Abkürzungen, die eine Busfahrt in den nächsten Ort hinfällig machen.

## Wandern mit Hund

Wandern mit Hund ist grundsätzlich auf dem Forststeig Elbsandstein möglich. Beachtet werden sollten allerdings einige Aspekte:

- ▷ Hunde dürfen die Trekkinghütten nicht betreten und müssen die Nacht draußen verbringen. An den Biwaks müssen Hunde den gesamten Aufenthalt über angeleint bleiben.
- ▷ Der Hund sollte gehorsam und gut erzogen sein. Der Forststeig Elbsandstein liegt in einem Landschaftsschutzgebiet mit reichlich Wildtieren. In diesem Gebiet besteht zeitweise Leinenpflicht. Mit einem Hundegeschirr läuft es sich auch für den Hund entspannter.
- ▷ Problematisch werden Leiterpassagen, die jedoch mit etwas läuferischem Aufwand in den meisten Fällen umgangen werden können. Für die Überbrückung kurzer Leitern, bspw. beim Gohrisch, muss etwas nachgeholfen werden.
- ▷ Wasser sollten Sie für Ihren Hund ausreichend mitnehmen. Gerade auf den ersten fünf Etappen gibt es aber genug Bäche, aus denen Hunde trinken können. Auch für ausreichend Hundefutter sollte gesorgt sein.
- ▷ Achten Sie auf die Fitness Ihres Hundes und führen Sie Ihren Hund rechtzeitig an längere Wegstrecken heran. Die Etappen haben eine Länge von bis zu 20 km und mehr.

# Wandern mit Kind

Bezogen auf die technischen Schwierigkeiten des Forststeiges ist die Wanderung mit den oftmals sehr steilen und schmalen Wegepassagen insgesamt für Kinder als eher schwierig einzustufen. Eine große Herausforderung ergibt sich zudem hinsichtlich der oftmals langen Etappen und der gemeinsamen Übernachtung im Zelt oder in den spartanischen Trekkinghütten. Sicher ist es sinnvoll, die Etappen der Physis des Kindes entsprechend zu verkürzen und dafür ein paar Tage länger einzuberechnen. Nehmen Sie sich auch ausreichend Zeit und planen Sie bei einer Wanderung mit Kindern genügend Pausen mit ein. Für sehr junge Kinder sollte besser eine Kraxe mitgebracht werden – kaum ein längerer Abschnitt ermöglicht die Wanderung mit einem Buggy oder Kinderwagen.

Generell können Sie aber an einigen Stellen die Wanderung verkürzen und auf die wesentlichen Highlights reduzieren. Besonders spannend für Kinder ist das Elbsandsteingebirge durch die vielen altersgerechten Highlights, etwa das Felsenlabyrinth in Tisá (☞ 2. Etappe) oder in Langenhennersdorf (☞ 6. Etappe), das Bielatal (☞ 4. Etappe) und ganz generell die kleinen kletterbaren Abschnitte.

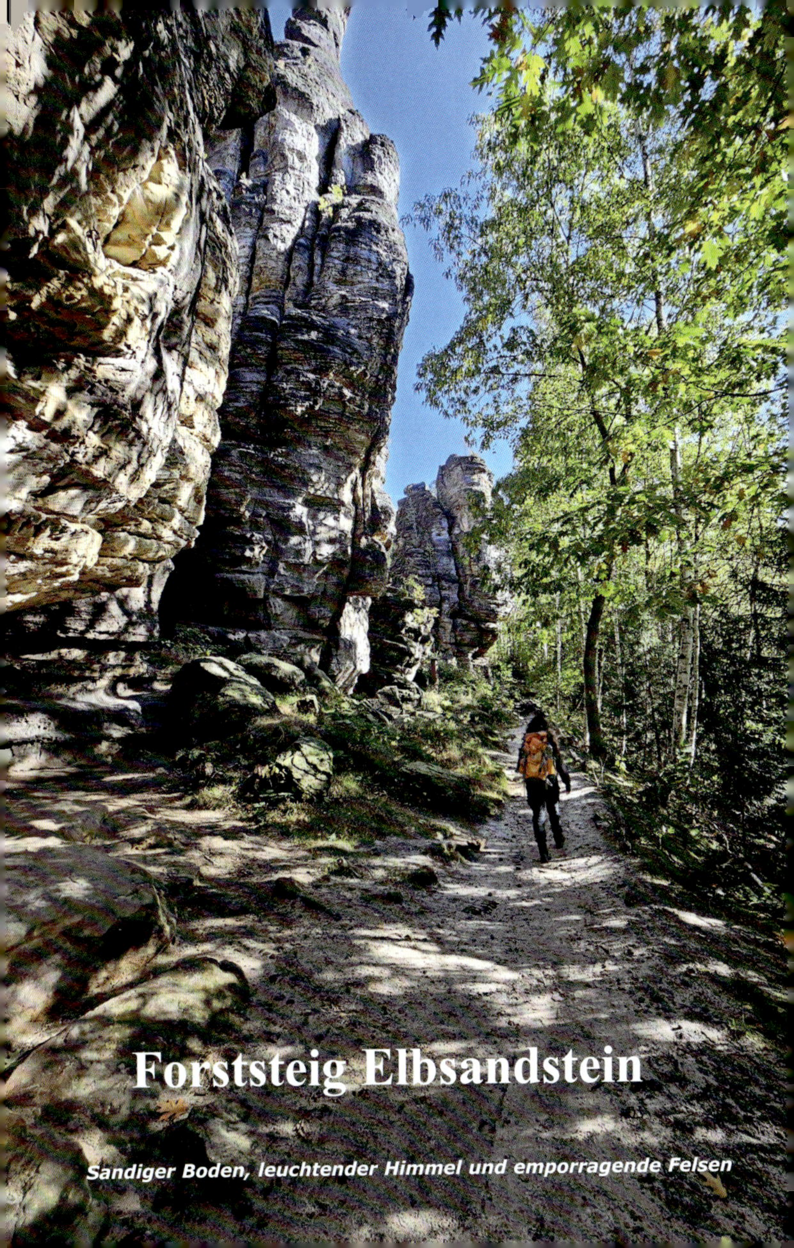
Forststeig Elbsandstein
Sandiger Boden, leuchtender Himmel und emporragende Felsen

## Reinhardtsdorf-Schöna

**Tourist-Information Reinhardtsdorf-Schöna**, Waldbadstraße 52d-e, 01814 Reinhardtsdorf-Schöna, 03 50 28/807 37, tourismus@reinhardtsdorf-schoena.de, www.reinhardtsdorf-schoena.de, Mo, Di, Do 9:00-11:00, Di auch 14:00-16:30

**Wacker Reit- und Ferienhof**, Hauptstraße 31, 01814 Reinhardtsdorf-Schöna, 03 50 28/858 18, info@landurlaub-schoena.de, www.landurlaub-schoena.de, Ü EZ/DZ ab € 40, Zelten € 10

**Zirkelstein Resort**, Am Zirkelstein 109b, 01814 Reinhardtsdorf-Schöna, 03 50 28/804 25, annett.koenig@zirkelsteinresort.de, www.zirkelsteinresort.de, ÜHP EZ € 55, DZ € 90

**Ferienwohnung Familie Hirsch**, Bahnhofstraße 20, 01814 Reinhardtsdorf-Schöna, 03 50 28/810 73, info@ferienwohnung-schoena.de, www.ferienwohnung-schoena.de, Ü EZ € 30, DZ € 50 zzgl. Endreinigung, telefonische Reservierung empfohlen

♦ **Gästehaus Kaiserkrone**, Am Feldrain 46, 01814 Reinhardtsdorf-Schöna, 03 50 28/800 31, info@gaestehaus-kaiserkrone.de, www.gaestehaus-kaiserkrone.de, ÜF EZ € 89, DZ € 99

♦ **Gasthaus und Pension Goldener Anker**, Hauptstraße 55b, 01814 Reinhardtsdorf-Schöna, 03 50 28/811 79, info@pension-goldener-anker.de, www.pension-goldener-anker.de, ÜF EZ € 85, DZ € 100

Zugverbindung in Richtung Dresden über Bad Schandau

Fährverbindung zwischen Schöna und Hřensko, 7:30-21:30 alle 10 Min.

Das linkselbische **Reinhardtsdorf-Schöna** (1.300 Einwohnerinnen und Einwohner) ist zwar offizieller Ausgangsort des Forststeiges Elbsandstein, vom eigentlichen Ort bekommen Wandernde in der Regel aber nichts zu sehen, da sich der Bahnhof etwa 2 km außerhalb befindet. Wer sich jedoch einen Überblick über die anstehenden Wandertage verschaffen möchte, kann einen Abstecher auf den nahe gelegenen Zirkelstein machen. Sehenswert ist auch die Barockbauernkirche im Ortsteil Reinhardtsdorf, deren holzreiche Innengestaltung eine Vielzahl an Malereien beherbergt. Zudem lässt sich in den Ortschaften das traditionelle Umgebindehaus betrachten. Dabei handelt es sich um eine ortstypische Architektur, die Fachwerk, Massiv- und Blockbau miteinander vereint.

## Hřensko

**Hotel Praha,** Hřensko 37, 407 17, Hřensko, +420/602/33 11 66, recepce-hotelhrensko@email.cz, www.hotel-hrensko.cz, ÜF EZ € 65, DZ € 95, Fr 16:00-22:00, Sa & So 11:00-22:00

⌘ **Penzion Stará Plynárna,** Hřensko 119, 407 17 Hřensko, +420/602/94 95 00, info@staraplynarna.cz, www.staraplynarna.cz, Ü EZ ab € 50, DZ ab € 100, F möglich, besonders schön, da Sie in dem alten, im Berg gelegenen Gaswerk wohnen

**Hotel U Lipy,** Hřensko 68, 407 17 Hřensko, ☏ +420/412/55 40 17, info@hotel-u-lipy.cz, www.hotel-u-lipy.cz, Ü EZ/DZ € 66

**Restaurace Maja,** Hřensko 18, 407 17 Hřensko, +420/773/10 88 78, Mo-So 11:00-20:00

**Restaurace U Kostela,** Hřensko 24, 407 17 Hřensko, ☏ +420/412/55 40 80, Mo-So 9:00-20:00

☺ Die gesamte Straße von Hřensko ist gesäumt von den Hotels, Pensionen und Restaurants.

**Konzum,** Hřensko 105, 407 17 Hřensko, Mo-So 8:00-17:00

☞ Reinhardtsdorf-Schöna

Der schöne Ort **Hřensko** (knapp 300 Einwohnerinnen und Einwohner), zu Dt. Herrnskretschen, liegt eine Elbbreite entfernt der Bahnhaltestation Schöna. Mehrmals täglich setzt eine Fähre Passagiere auf die andere Seite über. Insbesondere aufgrund der tollen Landschaft und der Möglichkeit zu einem abendlichen Spaziergang entlang der Kamenice, eines Nebenflusses der Elbe, oder einer Wandertour zum Prebischtor bietet sich eine Übernachtung dort an.

## 1. Etappe: Vom Bahnhof Schöna zum Zschirnstein-Biwak

*12,2 km, 4 Std. 30 Min., ↑ 620 m, ↓ 339 m, ⇧ 138-559 m*

| | | |
|---|---|---|
| 0,0 km | ⇧ 145 m | Reinhardtsdorf-Schöna, Bahnhaltestelle Schöna ✝ ⌘ |
| 4,3 km | ⇧ 244 m | Abzweig Wasserfall Gelobtbach |
| 5,0 km | ⇧ 302 m | Abzweig Ziskaquelle |
| 7,3 km | ⇧ 428 m | Kreuselseiche & Schächers Kreuz |
| 8,3 km | ⇧ 482 m | Aufstieg Großer Zschirnstein |
| 9,2 km | ⇧ 538 m | Großer Zschirnstein |
| 12,2 km | ⇧ 422 m | Zschirnstein-Biwak |

*Wer seine Wanderung in Reinhardtsdorf-Schöna beginnt, macht vieles richtig: Ein malerischer Auftakt und eine hohe Flexibilität bei der Gestaltung der Tageslänge*

*führen zum idealen Einstieg in die Etappe. Zunächst windet sich der Weg den Hang zur Elbe hinauf ins Gebirge. Eine wunderbare Rast ergibt sich nach einem kurzen Abstieg durch eine eindrucksvolle Klamm, an deren Ende der Bach harsch in ein Wasserbecken stürzt. In der anschließenden Talsenke des Gelobtbaches kommt Kanada-Feeling auf!*

*Nichtsahnend laufen Sie im Schatten der grünen Kronendächer und im Dunkel des Nadelwaldes, ehe sich vor Ihnen das Solitärmassiv des Großen Zschirnstein auftut – der erste Tafelberg Ihrer Wanderung. Oben führt Sie der Weg am schroff abfallenden Osthang entlang und Sie werden wenig später mit einem sagenhaften Ausblick in die Weite der Landschaft belohnt. Der Abstieg zeigt noch einmal die Gewaltigkeit des Tafelberges auf: Unterhalb der fast 50 m hohen Gesteinssäulen bringt Sie der Forststeig zum Zschirnstein-Biwak.*

☺ ➯ Haben Sie die Nacht im Ortsteil Schöna verbracht, gelangen Sie am besten zum Forststeig, indem Sie am südlichen Ende des Ortes der Straße Am Zirkelstein aus Schöna herausfolgen. Vorbei am Zirkelstein Resort halten Sie sich leicht rechts über einen Wiesenweg und biegen im anknüpfenden Wald erst rechts und schließlich links ab. Der Weg fällt nun etwas steiler herab und trifft nach wenigen Metern direkt auf den Forststeig.

☺ ➯ Sollten Sie vom Bahnhof Schöna in den gleichnamigen Ortsteil wollen, ist es am einfachsten, Sie folgen der Bahnhofstraße für knapp 2 km.

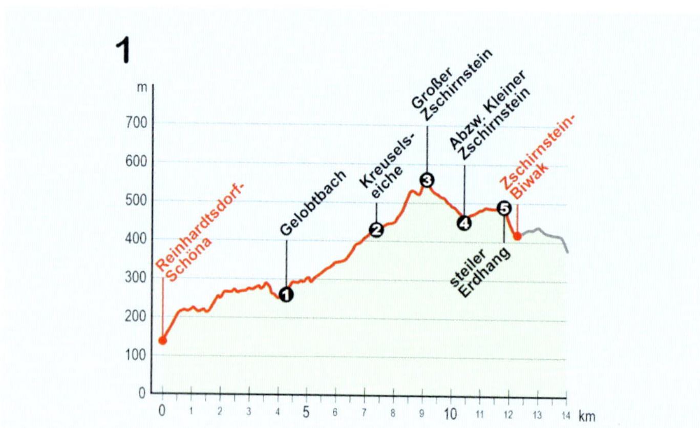

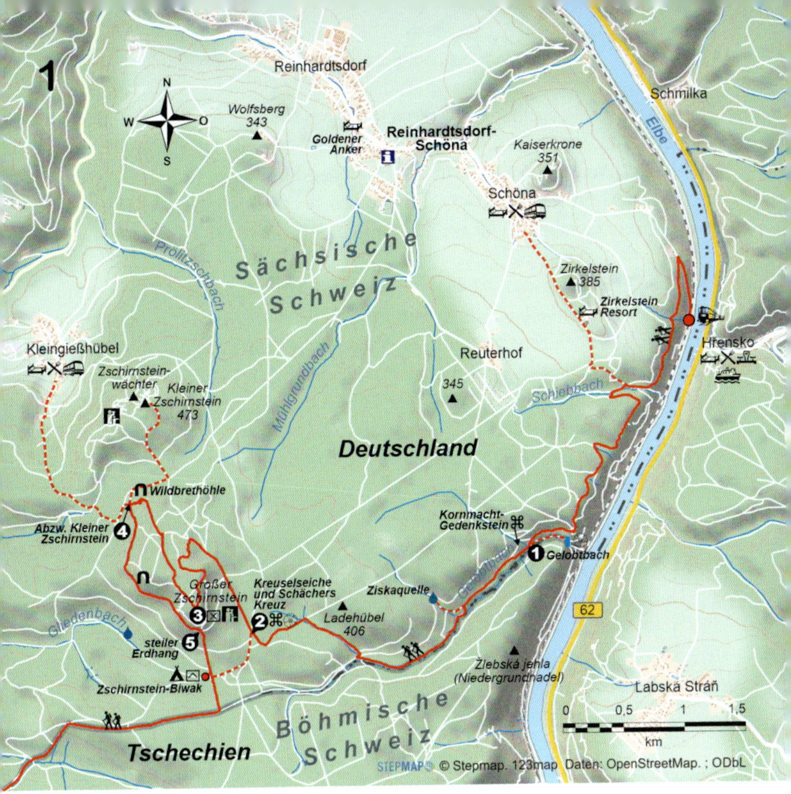


Aus Dresden kommend steigen Sie in entgegengesetzter Richtung hinter der Bahnstation die steil ansteigende Bahnhofsstraße zum Ortsteil Schöna hinauf. Der erste Abzweig auf der linken Seite lädt Sie ein, die befestigte Straße zu verlassen und in einen Mischwald einzutauchen. Dort windet sich der Forststeig sanft an dem Hang zur Elbe hinauf. Folgen Sie dem Weg für rund 1,4 km, dann hören Sie alsbald schon das sachte Rauschen des Schiebbaches. Nachdem Sie links von sich den angestauten Schiebbachteich sehen, müssen Sie die Augen offen halten, denn um den Schiebbach zu überqueren, führt nur ein schmaler Weg durch das Gestrüpp. Sie erkennen den Wegeverlauf vor allem an den Baumstämmen, die weiter unten eine rudimentäre Brücke über den Bach bilden. Halten Sie sich aus der Senke kommend auf dem breiten Forstweg links. Auf den nachfolgenden 800 m nimmt der Wanderweg am Hang entlang zwei Rechtskurven. Nach der zweiten Rechtskurve passieren Sie ein felsenartiges Portal. Die Vegetation ändert sich etwas und Sie wandern nun vermehrt durch einen steindurchsetzten Nadelwald. Der Weg spaltet sich in zwei kleinere Pfade auf. Sie folgen dem linken der beiden. Der Weg schmiegt sich in den Hang und Sie bleiben für rund 1,3 km auf dem gut ersichtlichen Hauptweg. Am Ende neigt er sich etwas herab. Sie steigen herunter zum **Gelobtbach ❶** und halten sich dort rechts.

↬ ☺ Empfehlenswert ist es, hier zunächst dem Gelobtbach in Fließrichtung zu folgen. 360 wunderbare Meter durch eine feuchtkalte ❀ Klamm führen Sie an eine Stelle, an der der Gelobtbach in ein kleines Wasserbecken fällt. Bis dorthin suchen Sie sich den Weg immer wieder über den Bach, klettern über Sandsteingeröll oder durchwaten das sprudelnde Wasser. Unten angekommen lädt der ❀ Wasserfall zu einer ersten Rast. Der Mühlteich staute das Wasser und sorgte in der darunterliegenden, heute zerfallenen Gelobtbachmühle für einen gleichmäßigen Wasserfluss.

↬ Nach rund 200 m sehen Sie rechts einen Weg spitzwinkelig zurück abzweigen. Auf diesem erreichen Sie in 120 m den ⌘ Kornmacht-Gedenkstein von 1812. Im Grunde ist er wenig spektakulär anzusehen und selbst die wenigen 120 m kaum wert zu gehen. Viel interessanter verhält sich die Geschichte dazu, denn da die Getreideausfuhr in den Napoleonischen Kriegen verboten wurde, fanden illegalerweise hier inmitten des Waldes ausgiebige Getreidemärkte statt.

Nach etwa 730 m verlassen Sie den breiteren Weg zugunsten eines kleineren Pfades linker Hand, der Sie direkt an dem Gelobtbach entlangführt.

↬ ✋ 💧 Bevor Sie den breiten Weg verlassen, haben Sie die Möglichkeit, dem Weg noch etwas hinauf zu folgen, um weiter oben an der 💧 Ziskaquelle frisches Trinkwasser zu bekommen. Ein Holzschild weist auf die gute Trinkwasserqualität der Quelle hin. Dort lassen sich Wasserflaschen prima auffüllen. Da dies die letzte Quelle vor dem Zschirnstein-Biwak ist, sollten Sie sich hier einen Wasservorrat für die Nacht mitnehmen. Wer mit Wasserfilter unterwegs ist, kann aber auch direkt aus dem Gelobtbach oder dem späteren Gliedenbach Wasser entnehmen.

In dem wunderbaren Tal des Gelobtbaches müssen Sie den Weg etwas suchen. Weniger an der Markierung als an den vorgetrampelten Spuren und den alten Grenzmarkierungen von Sachsen und Böhmen können Sie sich ganz gut orientieren. Wandern Sie direkt am Bach. Sie kommen bald wieder auf einen Forstweg, an dem Sie sich erst rechts und sofort wieder links halten. Nach einem knap-

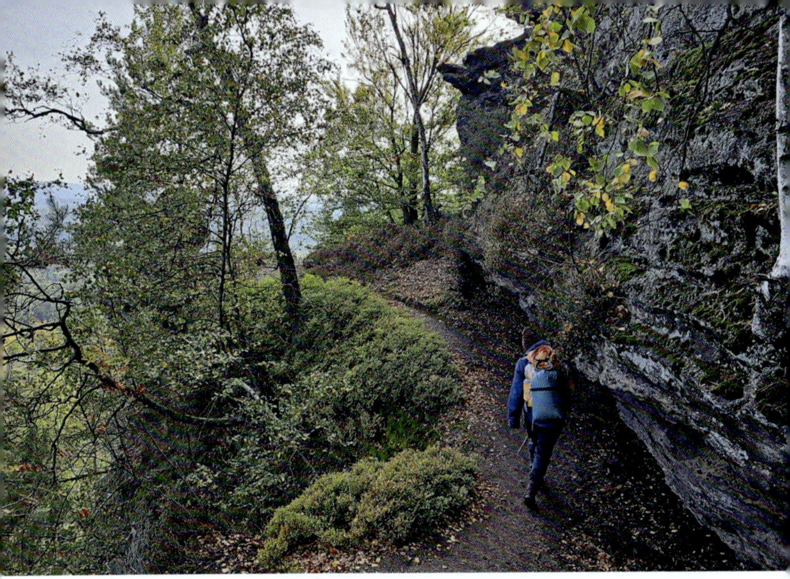

*Der Überhang der Felsen zwingt zum Ausweichen*

pen Kilometer auf geschottertem Untergrund gelangen Sie auf einen kleinen heranführenden Weg, auf dem Sie sich rechts halten. Ehe ein weiter Forstweg Ihren kreuzt, passieren Sie die ❀ **Kreuselseiche** mit dem ⌘ **Schächers Kreuz** von 1549 ❷.

Bei dem Schächers Kreuz könnte es sich um ein Betkreuz für einen im Jahr 1549 durch einen Wilderer zu Tode gekommenen Förstersohn mit dem Namen Kreusel handeln. Von dem Gedenkstein ist jedoch nur noch der Säulenkopf vorhanden.

↳ Sollten Sie heute später angereist sein und den Tag beenden wollen, können Sie an der Kreuzung mit der Eiche nach links wandern. Der Weg führt Sie nach 650 m zum Biwak Zschirnstein.

Ab nun verläuft der Weg geradeaus. Mit einem leichten Anstieg nähern Sie sich dem Großen Zschirnstein. Seien Sie nach rund 1 km aufmerksam, da Sie dort ein Pfad links tiefer in Wald hineinführt. Sie wandern nun querfeldein über Laubboden. Da die Markierungen hier schwer zu erkennen sind, halten Sie sich zunächst für rund 160 m gen Süden. Bald schon sehen Sie die ersten felsigen

Ankündigungen des Tafelberges und der Weg führt nach Südwesten hin steil hinauf. Sie wandern nun auf dem gut sichtbaren Pfad nach links und können erste Blicke ins Land erhaschen. Der Forststeig führt Sie nun zwischen der gerippten Felswand und dem mit Heidelbeersträuchern gesäumten Abgrund auf den **Großen Zschirnstein ❸**.

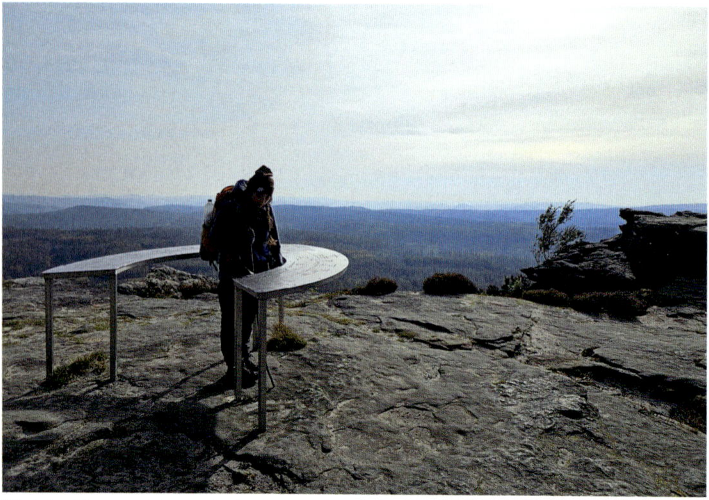

*Welche Berge sich wo befinden, zeigt die Tafel am Großen Zschirnstein*

Bei km 9,1 zweigt der Weg zwar nach rechts unten ab, Sie sollten sich hier aber nicht die Chance entgehen lassen, die knapp 100 m nach links zum Aussichtspunkt des Tafelberges zu wandern. Neben einer ☒ Wetterschutzhütte und einer Erklärtafel zu den umliegenden Bergen befindet sich auf einem exponierten Vorsprung die Triangulationssäule.

Die Triangulationssäule ist Teil eines sachsenweiten Netzes an Orientierungspunkten, die dabei halfen, das Land zu vermessen. Allerdings handelt es sich hier um eine Kopie der Säule aus dem Jahr 2011. Die Originalsäule ging rund 40 Jahre nach der Aufstellung gegen Ende des 19. Jahrhunderts verloren.

Der Abstieg vom Großen Zschirnstein ❸ erfolgt über die von Birkenwald geprägte Nordseite. Dabei passieren Sie einen offen gelassen Basaltbruch, an dem eine Bank steht. Das Gestein gibt Rückschlüsse auf den vulkanischen Einfluss auf den Großen Zschirnstein, der sich bis auf den angrenzenden Kleinen Zschirnstein auswirkte. Von dem eigentlichen Basaltbruch zeugt nur noch die hölzerne Hinweistafel, da sich die Natur das Abbaugebiet bereits zurückerobert hat.

Halten Sie sich nach dem Basaltbruch halb rechts und wandern Sie bis zu den scharfen Klippen. Dort führt Sie die Markierung erst über enge Serpentinen und schließlich über hölzerne Treppenstufen weiter hinab. Hier befindet sich ein Abzweig zum **Kleinen Zschirnstein ❹**.

Halten Sie sich für rund 120 m rechts, gelangen Sie zur Wildbrethöhle. In den Blocktrümmern wurde bis ins 18. Jahrhundert das königlich erlegte Wildbret zwischengelagert. Bei der Höhle sieht man jedoch kaum mehr als einen tunnelartigen Felsspalt.

Von der Wildbrethöhle aus haben Sie die Möglichkeit, den Kleinen Zschirnstein zu besichtigen. 1,2 km nach dem Abzweig vom Forststeig erreichen Sie den Gipfel. Zwar bekommen Sie auf den nächsten Etappen noch reichlich Sandsteinfelsen zu Gesicht, hier bietet sich aber die Möglichkeit, die anstehenden Wandertage in nordwestlicher Richtung zu betrachten. Wandern Sie dazu also zunächst herab zur Wildbrethöhle und auf dem breiten Weg hinter der Höhle rechts. An der ersten Möglichkeit nach knapp 320 m wandern Sie links in einen kleinen Weg hinein. An dem nächsten Wegabzweig vor der Bank halten Sie sich rechts und anschließend halb rechts, ehe Sie geradewegs auf den Kleinen Zschirnstein zulaufen.

Vom Abzweig zum Kleinen Zschirnstein kommen Sie nach Kleingießhübel, sollten Sie eine Unterkunft zur Übernachtung präferieren. Nehmen Sie dazu am besten den Weg geradeaus herab in westliche Richtung. Bleiben Sie auf dem breiteren Weg, der bald daraufhin eine Kurve nimmt. Biegen Sie nach der Kurve nach rechts in den Hirschgrundweg ab. Dem auffälligen Hirschgrundweg können Sie bis zum Ortsrand von Kleingießhübel folgen.

Sie halten sich links und umrunden den Großen Zschirnstein auf dem kleinen Weg und können die Ausprägung der fast 50 m hohen abfallenden Felswände in Betracht nehmen. Im Jahr 2010 zerschellte aufgrund eines übermütigen Kunstflugmanövers ein Kleinflugzeug auf dem Weg von Prag nach Schweden an den Felsen des Großen Zschirnsteins.

Die in vielen Karte eingezeichnete Höhle Windloch ist ein schmaler Spalt, der in den Felsen führt. Der Weg dorthin ist unwegsam und die Besichtigung daher wenig lohnenswert.

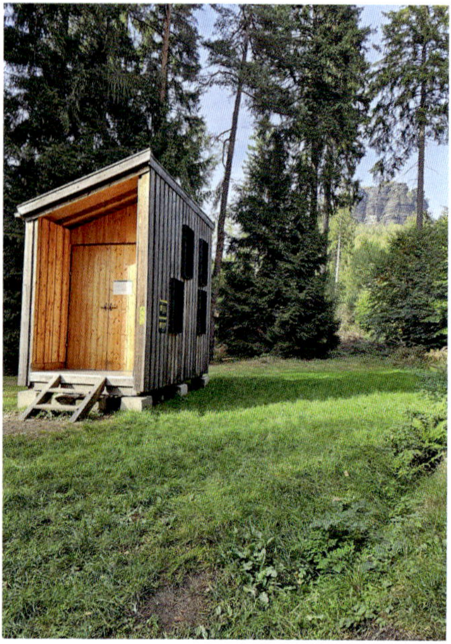

*Eine tolle Kulisse bietet das Zschirnstein-Biwak*

Auffällig ist auf dem Weg die seitliche Begrenzung des Weges durch einzelne Sandsteinquader. Diese hatten ihren Nutzen in einer Zeit, in der mit Pferdefuhrwerken das Holz aus den Wäldern rund um den Tafelberg geholt wurde. Seien Sie nach 1,4 km achtsam. Dort führt Sie die Markierung einen äußerst steilen Erdhang hinab ❺. Dort mag zwar kein Weg ersichtlich sein, Sie sind hier dennoch richtig. Von hier aus haben Sie das Zschirnstein-Biwak nach 420 m erreicht. Ein Schild macht Sie darauf aufmerksam, nach rechts in die Waldlichtung einzubiegen.

Das **Zschirnstein-Biwak** ist für fünf Zweipersonenzelte ausgelegt und bietet aufgrund der modern gestalteten Schutzhütte noch weiteren drei bis vier Wandernden einen Schlafplatz. Sorge sollten Sie nicht haben. Auch wenn der Platz voll ist, werden keine Wandernden fortgeschickt. Zudem liegen weitere Übernachtungsmöglichkeiten in unmittelbarer Umgebung. Ausgestattet ist der Platz mit einer Picknickgruppe, einer Komposttoilette sowie einer Regenwassertonne für Brauchwasser. Attraktiv wird der Platz durch die Waldlage und die herrliche Kulisse des Großen Zschirnsteins.

Zum Gliedenbach ist es vom Biwak 1 km in nordwestliche Richtung. Mit einem Wasserfilter können hier die Wasserflaschen wieder aufgefüllt werden.

# 2. Etappe: Vom Zschirnstein-Biwak nach Ostrov Pod Císařem

*18,3 km, 6 Std., ↑ 576 m, ↓ 536 m, ⇧ 340-719 m*

| | | |
|---|---|---|
| 0,0 km | ⇧ 422 m | Zschirnstein-Biwak |
| 3,3 km | ⇧ 403 m | Abzweig Grenzbaude |
| 4,5 km | ⇧ 401 m | Abzweig Taubenteich |
| 6,3 km | ⇧ 492 m | Kristin Hrádek |
| 13,1 km | ⇧ 718 m | Hoher Schneeberg |
| 14,9 km | ⇧ 588 m | Sněžník |
| 18,3 km | ⇧ 459 m | Ostrov, Pod Císařem |

*Einsames Wandern an der Grenze*

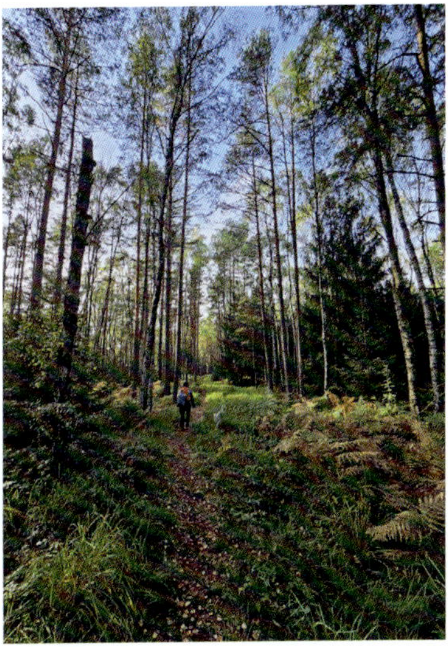

*Nach der Auftaktetappe steigen Sie heute schon auf den höchsten Berg des Elbsandsteingebirges. Dennoch lässt sich der Wandertag als eher moderat bezeichnen. Kaum Passagen erfordern viel Trittsicherheit, die Wege sind komfortabel zu gehen und erlauben ein wenig Erholung in den Untiefen der Wälder. Zunächst wandern Sie entlang der Grenze, ehe der einzige steile Abstieg runter zum Krippenbach Ihre Aufmerksamkeit fordert. Danach passieren Sie den Taubenteich mit dem gleichnamigen Biwak und wenig später die Jagdresidenz Kristin Hrádek, ehe Sie den längsten Anstieg zum hohen Schneeberg in Angriff nehmen. Oben bekommen Sie insbesondere vom historischen Aussichtsturm wunderbare Weitblicke. Der Abstieg ist technisch einfach. Über gemütlich zu gehende Wege führt Sie der Forststeig schließlich nach Ostrov.*

Verlassen Sie die Lichtung des **Zschirnstein-Biwaks** in die Richtung, aus der Sie gekommen sind, und halten Sie sich dann rechts. An der T-Kreuzung wandern

Sie erneut rechts auf den weißen Grenzstein zu. Auf der gerade und eben verlaufenden Grenze können Sie sich gemütlich warmwandern. Die ersten Sonnenstrahlen brechen durch den hochstämmigen und birkendominierten Mischwald und immer wieder ergeben sich Blicke auf das Zschirnsteinmassiv. Halten Sie sich auf dem Weg mit den Grenzsteinen und Grenzpfählen; dieser macht nach 1,3 km eine Linkskurve und senkt sich allmählich ins Tal. Zunächst führt Sie der Forststeig sachte herab zum Ziegenstellungsbach. Sie wandern aus der kleinen Senke wieder heraus.

Die Grenzsteine zeugen von der spannungsvollen Historie der Landschaft. Anhand vieler Steine sind die damaligen Machtverhältnisse noch gut abzulesen. Steine an den aktuellen Grenzen wurden indes nur geringfügig verändert. So wurden bspw. auf deutscher Seite von dem ehemals eingravierten Namen DDR nur die beiden letzten Buchstaben weggeschliffen.

Wenige Meter später wird es steil und runter zum **Krippenbach** ist ein wenig Trittsicherheit über das steil herabfallende Gelände mit dem Sandsteingeröll gefordert. Unten wandern Sie leicht links an dem stark überhängenden Felsen vorbei.

Überall im Elbsandsteingebirge können Sie kleine Nischen entdecken, die durch überhängende Felsen auch bei Regen trocken bleiben. Diese Orte eignen sich zum Übernachten und werden als Boofen (abgeleitet von „pofen", also „schlafen") bezeichnet. Die Tradition der Freiübernachtung in diesen Nischen geht zwar schon auf Räuber und Wegelagerer im Mittelalter zurück, wurde aber vor allem durch Kletternde populär, die in der Mitte des 19. Jahrhunderts keine Übernachtungsplätze gefunden haben. Das Anrecht auf das Boofen besteht bis heute. Da sich jedoch die Region durch die beiden Nationalparks verändert hat, ist das Boofen nur noch an ausgewiesenen Stellen erlaubt. Dort wird mit Metallplaketten darauf hingewiesen.

Trocken über den Krippenbach bringen Sie ins Gras gelegte, lose Holzplanken. ✋ Rutschgefahr! Sie steigen auf der anderen Seite wieder hinauf und haben nach 220 m die Chance, Ihren Wasservorrat an einer ausgewiesenen 💧 Quelle aufzufüllen. Das genießbare Wasser der **Siebenlügner-Quelle ❶** (Studánka Sedmilharu) plätschert hier aus einem rostigen Rohr. Ein hölzernes Schild macht Sie darauf aufmerksam. Es wird gesagt, dass das Trinken aus einer der vielen Quellen im Krippenbachtal zu den frühen Morgenstunden Glück verleiht.

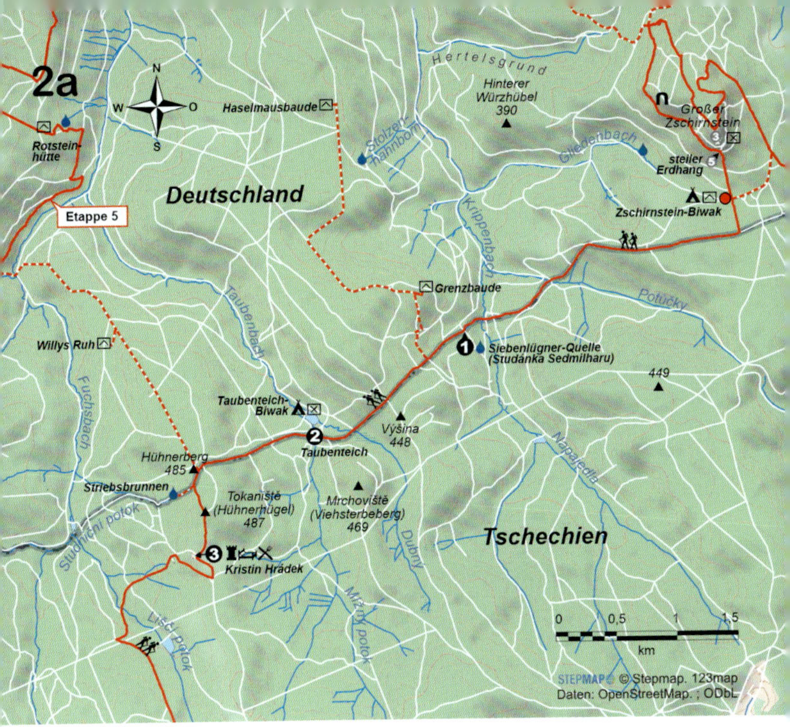
2a
Deutschland
Tschechien
Etappe 5
Rotsteinhütte
Haselmausbaude
Hertelsgrund
Hinterer Würzhübel 390
Großer Zschirnstein
steiler Erdhang
Zschirnstein-Biwak
Grenzbaude
Siebenlügner-Quelle (Studánka Sedmilharu)
449
Willys Ruh
Taubenteich-Biwak
Taubenteich
Výšina 448
Hühnerberg 485
Striebsbrunnen
Tokaniště (Hühnerhügel) 487
Mrchoviště (Viehsterbeberg) 469
Kristin Hrádek
Taubenbach
Krippenbach
Fuchsbach
Potůčky
Napajedla
Dubný
Studniční potok
Liščí potok
Mžný potok
0 0,5 1 1,5 km
STEPMAP © Stepmap. 123map
Daten: OpenStreetMap. ; ODbL

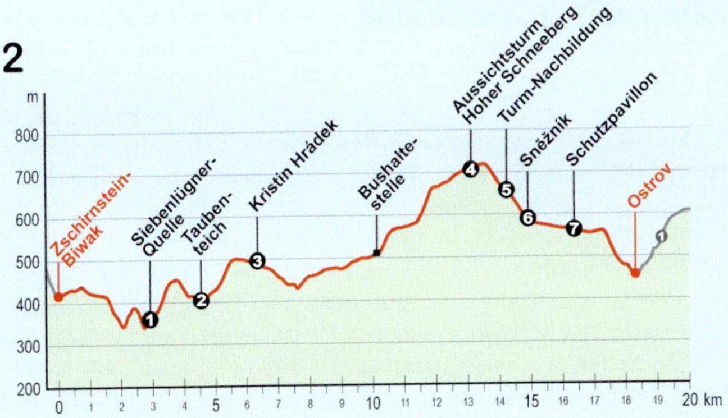
2
m
800
700
600
500
400
300
200
Zschirnstein-Biwak
Siebenlügner-Quelle
Taubenteich
Kristin Hrádek
Bushaltestelle
Aussichtsturm Hoher Schneeberg
Turm-Nachbildung
Sněžník
Schutzpavillon
Ostrov
0 1 2 3 4 5 6 7 8 9 10 11 12 13 14 15 16 17 18 19 20 km

Sollten Sie sich entscheiden, Ihre Etappe in der Grenzbaude oder am Taubenteich-Biwak enden zu lassen, füllen Sie unbedingt hier Ihren Wasservorrat für die Nacht auf. Zwar finden sich noch einige Bäche in der Nähe des Taubenteiches, die Gewässer bei der Grenzbaude sind hingegen schwer zu erreichen und bieten wenig Wasser.

Von der Quelle aus folgen Sie weiter dem gemütlich zu gehenden Waldweg.

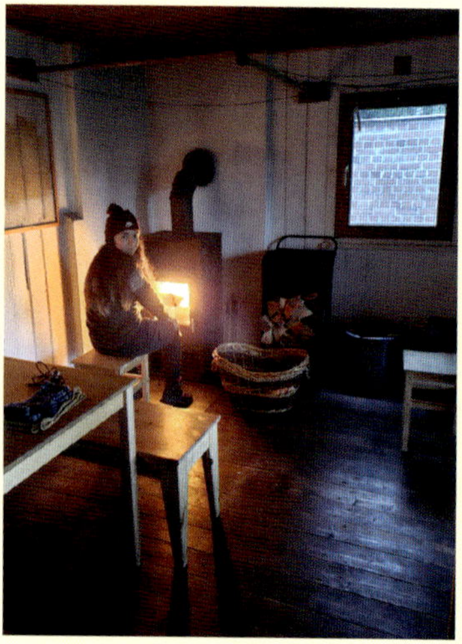

*Der Innenraum der Grenzbaude wird gemütlich warm*

Möchten Sie zur schön gelegenen ⌂ **Trekkinghütte Grenzbaude**, müssen Sie bereits 410 m nach der Siebenlügner-Quelle vom Rasenweg nach rechts abbiegen. Ein Schild weist Sie auf den Abzweig hin. Folgen Sie der Ausschilderung für rund 740 m, dann gelangen Sie an die Grenzbaude. Zwar mag das nicht sonderlich weit sein, es liegt aber noch ein steiler Anstieg vor Ihnen.

⌂ Die Trekkinghütte hat einen großen Schlafboden im Dachgeschoss mit etwa zehn Plätzen sowie ein weiteres kleineres Nebenzimmer mit rund drei Plätzen. Im Erdgeschoss befindet sich ein Raum mit etwa 15 Sitzplätzen sowie ein Ofen mit entsprechendem Feuerholz. Im Außenbereich steht eine Trockentoilette zur Verfügung. Möglichkeiten zur Trinkwassergewinnung bestehen keine, einzig Brauchwasser wird in einer Regentonne gesammelt.

Von der Grenzbaude aus erreichen Sie nach weiteren 2,5 km die ⌂ **Trekkinghütte Haselmausbaude**. Dabei handelt es sich um die kleinste Trekkinghütte, die den Forststeigwandernden zur Verfügung steht. Sie ist von der Grenzbaude zunächst nicht ausgeschildert. Am unkompliziertesten gelangen Sie zu der Hütte, indem Sie den Forstweg an der Grenzbaude in östliche Richtung wandern. An der breiten Forststraße wandern Sie nun erst rechts, nehmen an der Gabelung aber erneut den Weg in östliche Richtung. Folgen Sie nun der Forststraße, diese führt

Sie sicher zur Haselmausbaude. 340 m vor der Trekkinghütte ↳ zweigt ein Weg nach rechts ab, der Sie zum 💧 Stolzenhahnborn führt, dort bekommen Sie frisches Trinkwasser.

⌂ Im Dachgeschoss steht eine kleine Schlafkoje für 8 Personen zur Verfügung, die über eine Holzleiter erreicht wird. Im Erdgeschoss befindet sich ein kleiner Aufenthaltsraum mit Holzofen.

In der Nähe der Haselmausbaude soll das untergegangene Dorf Stolzenhain gelegen haben. Der Sage nach brachte einst der Fährmann von Schmilka einen abgemagerten Fremden in welscher Tracht mit schwarzen Gewändern über die Elbe. Zum Dank warf der Fremde dem Fährmann mit knochigen, graugelben Händen ein Goldstück zu. Der Fremde soll beim Fortgehen keinerlei Geräusche im Kies der Elbe gemacht haben und auch die Gräser brachen nicht unter seinen Füßen. Am nächsten Tag soll in den Dörfern rund um den Zschirnstein die Pest ausgebrochen sein. Vor allem die Einwohnerinnen und Einwohner von Stolzenhain raffte es innerhalb kürzester Zeit dahin. Die letzten Überlebenden waren der Dorflehrer sowie einige Schulkinder, die aber bald darauf auch verstarben. Doch noch heute soll man in manchen Nächten den Chorgesang der Schulklasse in den tiefen Wäldern um die Haselmausbaude vernehmen.

Nach 1,6 km gelangen Sie zum ↳ Abzweig zum ⛺ **Taubenteich-Biwak ❷**. Von hier sind es lediglich 200 ausgeschilderte Meter.

⛺ ☒ Der Taubenteich mit dem gleichnamigen Biwak bietet Platz für fünf Zweipersonenzelte. Weiter findet sich dort eine Komposttoilette sowie zwei Wetterschutzhütten, eine davon in einer modernen Ausführung von Architekturstudentinnen und -studenten der Uni Dresden. Das Taubenteich-Biwak ist das einzige, an dem eine eingerichtete Feuerstelle es erlaubt, sich mit einem Feuer im Freien warm zu halten. 💧 Wasser kann oberhalb des Teiches an dessen Zulauf entnommen werden. Es empfiehlt sich ein Wasserfilter. Nur mit Isomatte und ohne Zelt kann an diesem Biwak bislang nicht übernachtet werden.

Angelegt wurde der Taubenteich bereits früh im 16. Jahrhundert als Wasserreservoir für die Holzflößerei. Da im kargen Elbsandsteingebirge kaum an Landwirtschaft zu denken war, stellte die Holzwirtschaft lange einen bedeutenden Wirtschaftszweig dar. Zahlreiche historische Relikte, etwa alte Flößerbrücken in näherer Umgebung, erinnern vor allem an den Abtransport des Holzes.

Vom Abzweig zum Taubenteich-Biwak folgen Sie dem Weg weiter an den Grenzsteinen entlang. Am **Hühnerberg** verlassen Sie den Grenzbereich und nehmen die Kurve nach links mit.

Sie können an dieser Stelle nach rechts abbiegen, wenn Sie in der 1,5 km entfernten, abgelegenen **Trekkinghütte Willys Ruh** übernachten möchten.

Dort gibt es zwei Schlafräume auf zwei Etagen mit insgesamt zehn Übernachtungsplätzen in Stockbetten sowie auf dem Schlafboden. Der Schlafraum mit den Stockbetten hat einen zusätzlichen Ofen und ist daher auch in kalten Nächten warm. Weiter gibt es dort ein Aufenthaltsraum mit Kachelofen, eine Komposttoilette sowie Brauchwasser. Im Außenbereich befinden sich weitere Sitzgelegenheiten. Da sich die Wasserversorgung rund um die Trekkinghütte schwierig gestaltet, bleibt nur die Möglichkeit, mühselig das Wasser aus dem Striebsbrunnen zu schöpfen. Alternativ kann vorher Wasser aus den Zuläufen des Taubenteiches entnommen werden.

An dieser Stelle führt geradeaus auch ein Weg zum **Striebsbrunnen** runter. Dort lässt sich grundsätzlich Wasser schöpfen, es ist allerdings recht beschwerlich, die Flasche durch das flachgründige Entspringen der Quelle aufzufüllen.

Nach knapp 560 m kommen Sie an einen offenen, asphaltierten Platz. Auf dem Gelände befindet sich die Jagdresidenz **Kristin Hrádek ❸**, zu Dt. Christianenburg, die von Graf Johann Josef Thun im Jahr 1767 als Ausgangspunkt für die Jagd errichtet wurde. Zu Zeiten des Kalten Krieges verfiel das Gebäude dann aufgrund der Grenznähe. Erst in den 1990er-Jahren konnte es saniert werden und bietet heute Gästen Übernachtungen und eine lokale Küche an. Im gewölbten Gastraum werden passend Wildspezialitäten serviert.

**Kristin Hrádeck**, Maxičky 30, 405 02 Děčín, +420/734/68 42 09, info@kristinhradek.cz, www.kristinhradek.cz, ÜF EZ/DZ € 102, Mo-Do 11:00-21:00, Fr & Sa 11:00-22:00, So 11:30-20:00, keine Kartenzahlung möglich

Sie verlassen das Gelände über die asphaltierte Zufahrtsstraße, biegen direkt nach rechts über die Wiese ab und gelangen wieder in einen Forstwald.

Achtung! Da Sie sich nun auf tschechischer Seite befinden, folgen Sie nun nicht mehr der gelben Markierung. Da die tschechische Forstverwaltung den

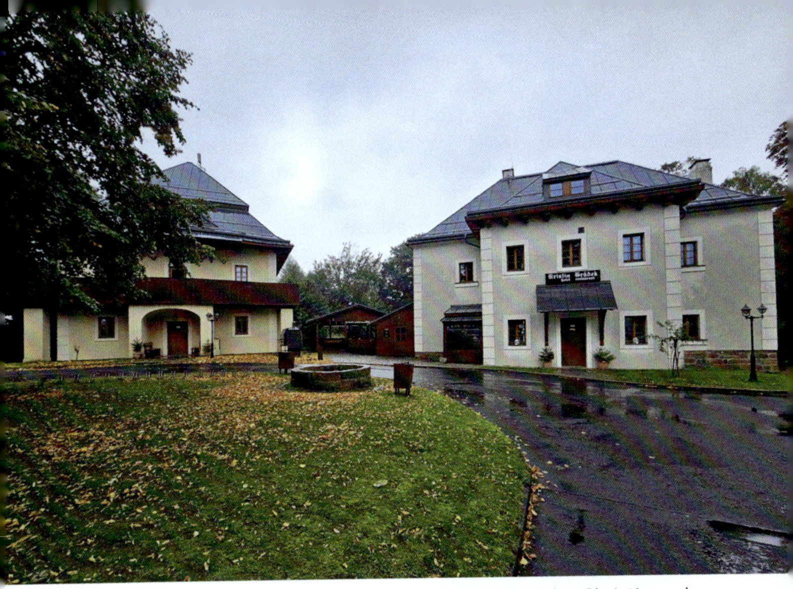


*Übernachtungsmöglichkeiten in der Jagdresidenz der Christianenburg*

Wald nicht mit Markierungen überladen wollte, halten Sie sich im Folgenden an die traditionelle **grüne Markierung**. Die Farbe der Markierung wechselt jedoch, sodass Sie genau lesen müssen, welche Markierungen nun folgen. Das Wandern via GPS verschafft Abhilfe.

An der nachfolgenden Wegekreuzung halten Sie sich links und folgen der grünen Markierung des Forststeiges für einen knappen Kilometer. Sie überqueren dabei den Fuchsbach (Liščí Potok), dem Sie im weiteren Verlauf der Wanderung nochmals begegnen werden. Der Forststeig zweigt nun spitzwinkelig nach links ab und Sie unterqueren eine kleine Trasse. Der Untergrund ändert sich zu einem schmalen, mit langen Grashalmen bewachsenen Pfad, dem Sie nun für 2,1 km folgen. Auf diesem Abschnitt laufen Sie durch einen forstlich genutzten Mischwald, der keinerlei Möglichkeiten bietet, sich zu verirren. Am Ende des Weges stößt erneut die Zufahrtsstraße der Christianenburg auf Ihren Weg und Sie überqueren die **Landstraße 25852** (seltener 🚌 Bus nach Děčín). Gegenüber befindet sich eine Informationstafel. Ab nun beginnt der lange Aufstieg zum Hohen Schneeberg. Bis zum Gipfel müssen Sie rund 200 Höhenmeter überwinden. Die Landschaft wandelt sich schon nach wenigen Metern abrupt. Plötzlich stehen Sie in einem fast reinen Birkenwald mit niedrigem Heidelbeerunterwuchs. Wandern Sie für 920 m den Weg hinauf. An der Wegekreuzung mit der ⛩ überdachten Bank führt Sie der Forststeig rechts weiter. Ab nun wird der Untergrund ein wenig unwegsamer, dafür die Landschaft aber auch wildromantisch. Fast japanisch mutet der mit hellen Felsen durchsetzte Weg aufwärts an, der von orangegelbfarbigen Blattfarnen gesäumt ist, aus denen die lichten Birken emporragen. Unter Ihren Füßen erkennen Sie ein, wenn auch inzwischen zerfallenes, einheitliches Verlegemuster der Steine, das auf einen historischen Weg hindeutet. Nach etwa 600 m macht der Weg eine ausladende Kurve, in der das Felsgeröll mit größeren Schritten überwunden werden muss. Daran knüpft sich schon bald ein recht flaches Plateau an, das Ihnen anzeigt, dem Gipfel nahe zu sein. Die ersten Ausblicke zwischen dem Gestein auf der linken Seite erscheinen und das Landschaftsbild wird wieder mehr von Nadelgehölz, vor allem Lärchen, geprägt. Sie verlassen den Wald und stehen direkt vor dem Gasthaus ✕ **Pod Rozhlednou** am Schneeberger Aussichtsturm. Geboten wird den Gästen neben der sagenhaften Aussicht ins weite Land zünftige böhmische Kost und frisch gebackener Kuchen.

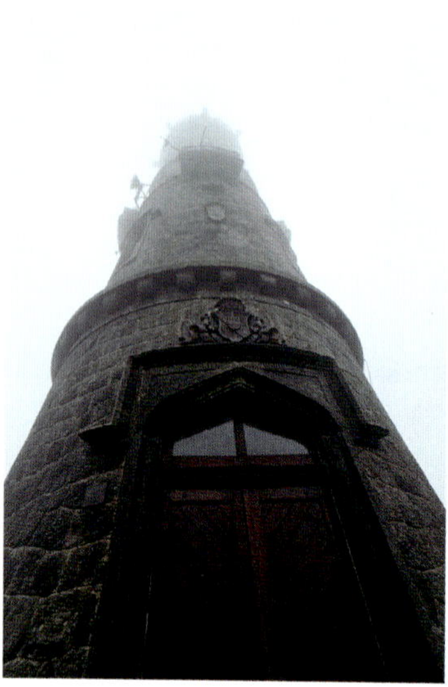

*Der Aussichtsturm am Hohen Schneeberg verschwindet im Nebel*

✕ **Guest House Pod Rozhlednou**, Sněžník 125, 405 02 Děčín 2, +420/724/63 65 03, ÜF EZ € 45, DZ € 90, ✕ Di-So 11:00-17:00, für Übernachtungsgäste ist zusätzlich von 18:00-22:00 geöffnet.

Über den befestigten Weg passieren Sie den ⌘ **historischen Aussichtsturm ❹**.

Der 33 m hohe, denkmalgeschützte Aussichtsturm kann über 173 Stufen und gegen ein geringes Trinkgeld besichtigt werden. Der Turmschlüssel ist im angrenzenden Turmkiosk auszuleihen. Der ✕ Turmkiosk hat witterungsbedingte Öff-

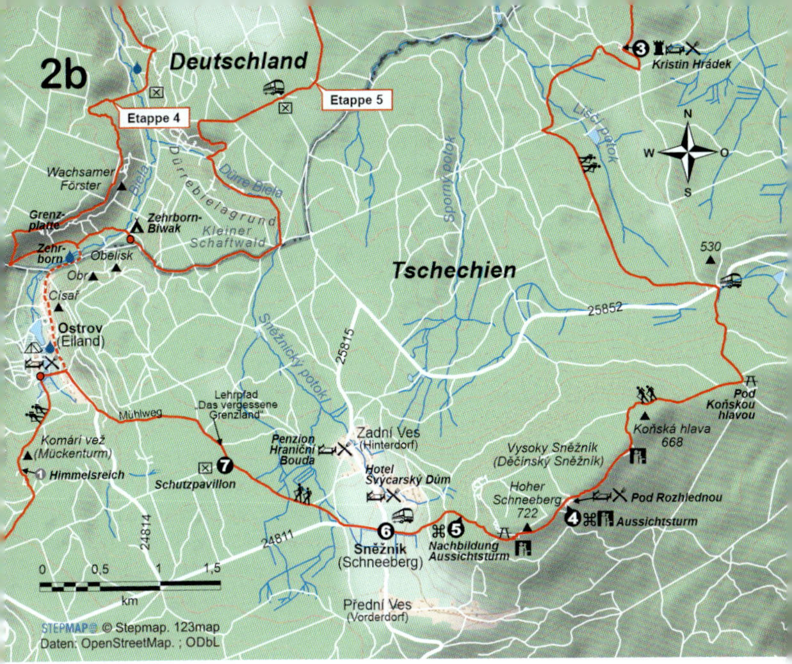


nungszeiten. Bereits vor dem romanisch anmutenden Sandsteinturm gab es einen Holzturm, der die Landvermessung unterstützen sollte. Dieser verwitterte jedoch rasch. Der Wunsch vieler Ausflüglerinnen und Ausflügler nach einem Aussichtspunkt über den Bäumen wurde laut. Dennoch diente der erneuerte Aussichtsturm zunächst auch wieder nur der Triangulation des Landes, ehe er nach dem Bau der Gaststätte auch für den Fremdenverkehr geöffnet wurde.

Rund 450 m weiter, kurz bevor der Forststeig das Hochplateau wieder verlässt, befinden Sie sich nahe dem Gipfel des **Hohen Schneeberges** und damit auf dem höchsten Punkt Ihrer Wanderung. Bevor Sie nach links absteigen, bietet sich Ihnen nochmals die Möglichkeit, die Aussicht an der Klippe neben Ihnen zu genießen. Der Weg hinunter ist nicht beschwerlich. Während die ersten beiden Serpentinen noch etwas Geröll aufweisen, können Sie anschließend ganz problemlos dem Weg folgen.

Achtung. Die grüne Markierung knickt rund 80 m nach einer Bank ab. Ab nun führt Sie die **rote Markierung** weiter.

Bald gelangen Sie zur Erschließungsstraße des Hohen Schneeberges. Diese wandern Sie rund 820 m hinab, bis Sie zu einer Straßenkreuzung kommen, auf halbem Wege passieren Sie dabei eine hölzerne ⌘ Nachbildung des Schneeberger Aussichtsturms ❺.

Nun kehren Sie dem Wald kurz den Rücken und wandern das erste Mal für einige Meter an Wiesenflächen vorbei. Sie passieren die Straßenkreuzung im Ortsteil **Sněžník** (zu Dt. Schneeberg) ❻ und das inzwischen geschlossene Restaurant-Hotel Hrebenová Bouda.

## Sněžník

**Hotel Švýcarský Dům**, Sněžník 123, 405 02 Sněžník, ☏ +420/412/55 02 19, info@schweizerhof.cz www.svycarsky-dum.cz, Ü EZ € 35, DZ € 64, F möglich, Mo-So 11:30-22:00, gehobenes Ambiente und böhmische Küche

♦ **Penzion Hraniční Bouda**, Sněžník 95, 407 01 Sněžník, ☏ +420/412/55 15 31, pavelhonzik@email.cz, www.hranicnibouda.cz, ÜF EZ € 30, DZ € 50, Übernachtungsmöglichkeiten bestehen ebenso in der benachbarten Pension U Lesa, die auch über die aufgeführten Kontaktdaten gebucht werden können, Mo-Do 10:00-19:00, Fr-So 10:00-20:00.

Bus nach Tisá, Grenzübergang Bahratal und Rosenthal

Die Ortschaft **Sněžník** teilt sich in einen vorderen, südlich und hinteren, nördlich gelegenen Teil. Wirtschaftlichen Aufschwung gab es durch die steigende Erzgewinnung im 17. Jahrhundert. Heute lebt der kleine Ort eher durch den Tourismus aufgrund seiner guten Lage am Fuße des Schneeberges sowie der Nähe zu den Tyssaer Wänden und dem Bielatal.

Für 380 m laufen Sie auf der Landstraße 24811 weiter und biegen an dem ⛩ überdachten Sitzplatz nach halb rechts in den Wald ein. Bis zum 1,1 km entfernten Wetterschutzpavillon passiert wenig Spektakuläres. Sie laufen hier auch ein Stück des Europäischen Fernwanderweges E3 sowie des Lehrpfades „Das vergessene Grenzland". An dem ☒ **Schutzpavillon** ❼ wandern Sie rechts und 440 m weiter links weiter. Danach bemerken Sie, dass der Untergrund wieder gleichmäßig gesetzte, teils verwitterte Wackersteine aufweist und der Hohlweg mit dem Namen Mühlweg felsenreicher wird.

Die Hohlwege wurden zur Versorgung der Dörfer angelegt und später mit Kies oder Pflastersteinen begehbarer gemacht. Teilweise waren sie so schmal, dass lediglich ein Zugtier für den Transport eingesetzt werden konnte. An dieser Stelle

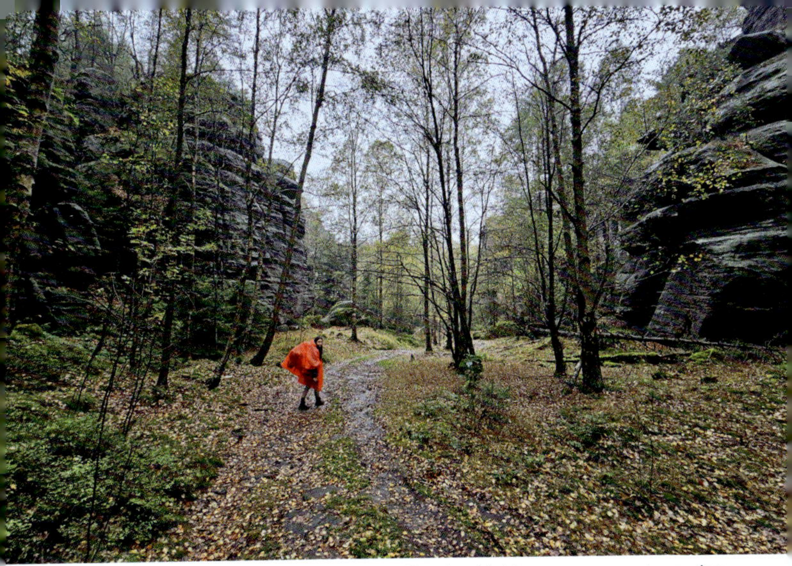

*Die Felsen mussten für den Hohlweg gesprengt werden*

wird der Aufwand beim Bau der Verkehrsinfrastruktur ersichtlich. Das vor Ihnen liegende Portal musste in den Felsen gesprengt werden, um einen Durchgang zu ermöglichen.

Ein letztes Mal fällt der Forststeig steiler ab und führt Sie an hohen Felsportalen entlang nach **Ostrov**. Dort halten Sie sich rechts für 430 m auf der asphaltierten Straße, bis ein Schild Sie auf dem **Campingplatz Pod Císařem** in Ostrov bittet, links in Richtung eines Teiches abzubiegen. Am 🛏 ⛺ ✕ ℹ Rezeptionsgebäude Pod Císařem endet Ihre heutige Etappe.

Wer sich über die Bezeichnung „Wohnwagenpark Am Kaiserturm" wundert: Die nahe gelegene Felsnadel mit der Wetterfahne hieß einst Kaiser-Franz-Josef-Turm und wird heute kurz Císař, also Kaiser genannt. Wer ein wenig Ausschau hält, findet sie nordöstlich vom Campingplatz.

Im Sommer kann der Campingplatz ziemlich voll und auch laut werden. Die Gegend bietet sich nicht nur für herrliche Wanderungen an, sondern zieht auch Jahr für Jahr zahllose Kletternde in ihren Bann. Daher sollte rechtzeitig reserviert werden. Zur Auswahl stehen neben einem Zeltplatz einfache und äußerst rustikale Hütten sowie einfache Einzel- und Doppelzimmer mit Etagenbad.

## Ostrov

**Pod Císařem**, Ostrov 10, 403 36 Tisá, +420/604/75 27 64, rezervace@podcisarem.cz, www.podcisarem.cz, Ü EZ € 20, Ü € 40, Mo-Do 12:00-20:00, Fr 12:00-22:00, Sa 9:00-22:00, So 9:00-19:00, Kartenzahlung ist möglich. Offizieller Partner des Forststeiges. Hier können Trekkingtickets nachgekauft werden sowie belegte Brote und Kuchen für unterwegs gekauft wie auch Wasser aufgefüllt werden.

**Hotel Ostrov**, Ostrov 12, 403 36 Tisá, +420/475/22 24 28, recepce@hotelostrov.com, www.hotelostrov.com, Ü EZ € 62, DZ € 75, F möglich, Mo-So 11:00-22:00

Eine weitere Quelle befindet sich rund 1,3 km vom Pod Císařem entfernt. Dazu durchlaufen Sie Ostrov in nördliche Richtung. Am Ende der Siedlung geht die Straße in einen Waldweg über. Wenig später plätschert die beschilderte Zehrborn-Quelle links neben Ihnen.

Ist Ihnen eher nach einer Waldübernachtung im eigenen Zelt, so können Sie auf die 4. Etappe vorgreifen und in 1,6 km zum Zehrborn-Biwak wandern. Dazu queren Sie Ostrov in nördliche Richtung, wandern an der Zehrborn-Quelle vorbei und halten sich für rund 530 m geradeaus. Rechts von Ihnen können Sie den Biwakplatz im Hang erkennen. Am nächsten Morgen wandern Sie zurück zum Campingplatz Pod Císařem. Dort beginnt die 3. Etappe.

*Der Campingplatz in Ostrov*

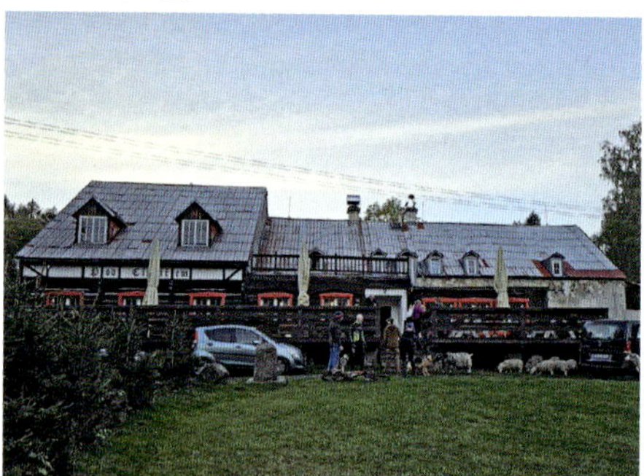

**Ostrov**, oder zu Dt. Eiland, liegt in einem bewaldeten Talkessel der tschechischen Gemeinde Tisá. Zwischen dem Ort und Deutschland liegt ein schwer zu durchdringendes Felsengebiet. Unter anderem trennt die Grenzplatte Ostrov vom wenige Kilometer nördlich gelegenen Bielatal ab. Ursprünglich diente der Ort als Abbaugebiet für Eisenerze, sodass von Ostrov nach Deutschland diverse historische Wege führten, auf denen das kostbare Gut abtransportiert wurde. Aufgrund seiner reizvollen Lage wurde es schnell bei Touristinnen und Touristen beliebt, die dann das Ortsbild prägten. Noch heute weist Ostrov mehrere Teiche auf. Ein inzwischen verfallenes und von der Natur zurückerobertes Schwimmbecken ist im Norden des Ortes zu erkennen.

# 3. Etappe: Von Ostrov zur Kamphütte

*14,1 km, 4 Std., ↑ 316 m, ↓ 368 m, ⇧ 413-603 m*

| | | |
|---|---|---|
| 0,0 km | ⇧ 459 m | Ostrov, Pod Císařem |
| 1,8 km | ⇧ 603 m | Tisá, Touristen-Information |
| 3,7 km | ⇧ 557 m | Eisenweg/Abzweig Rájec |
| 7,8 km | ⇧ 531 m | Zeisigstein |
| 8,6 km | ⇧ 553 m | Abzweig Hartenstein |
| 9,0 km | ⇧ 514 m | Abzweig Hellendorf |
| 10,1 km | ⇧ 500 m | Quelle am Kochemoor |
| 13,3 km | ⇧ 432 m | Abkürzung zur Ottomühle |
| 13,5 km | ⇧ 432 m | Abzweig Sachsenstein |
| 14,1 km | ⇧ 413 m | Kamphütte |

*Zweifelsohne wird es wilder. Gleich nach Beginn der Wanderung steigen Sie in einen zerklüfteten Grund, der von mächtigen Felsenportalen gesäumt ist. Am Rande des Bergörtchens Tisá locken einen absonderliche Gesteinsformationen und Irrgassen aus ausgetretenem Gestein, sich den Weg in die Freiheit zu bahnen. Anschließend führt Sie der Weg entlang einer einsamen Klippe. Immer wieder bekommen Sie das atmosphärische Gefühl, im tiefen Urwald verschollen zu sein. Erst am Zeisig- und am Hartenstein werden Sie erlöst und bekommen Blicke auf die Landschaft außerhalb des Waldes. Am Kochemoor vorbei führt Sie der Forststeig auf einem Höhenweg schließlich zur Kamphütte.*

Füllen Sie sich in Ostrov noch einmal alle Flaschen auf. Unterwegs sind heute die Quellen und Wasserzuläufe rar.

Eine Alternative zu dem Etappenvorschlag besteht darin, das schwere Gepäck in Ostrov zu lassen, bloß mit leichtem Tagesrucksack zu starten und dann eine weitere Nacht in Ostrov zu verbringen. Möglich macht es der mäanderte Verlauf des Forststeiges, der in der Mitte der 4. Etappe wieder nahe an Ostrov vorbeiläuft. Wandernde, die sich dafür entscheiden, sollten allerdings früh starten und eine gute Kondition aufweisen, da die Runde ca. 25 km lang ist.

☺ ↳ Besonders fitte Wandernde können auch samt Gepäck weiter zum Zehrborn-Biwak wandern. Es sollte aber bedacht werden, dass im Bielatal aufgrund der topografischen Verhältnisse nur langsam gewandert werden kann. Zudem empfiehlt es sich, sich für die zahlreichen Highlights genügend Zeit zu nehmen.

Am Campingplatz in Ostrov wandern Sie in südliche Richtung, der **roten Markierung** folgend, an dem südlichsten der vielen Teiche vorbei und kommen schon bald an ein Felsportal. Der Weg verläuft hier uneindeutig. Das ist nicht weiter schlimm, da die Felsen rechts wie links ein Verlaufen unmöglich machen. Schön anzusehen sind die wenigen dürren Birkenstämme und der ausgedünnte Heidelbeerunterwuchs, die der Landschaft zwischen den Felsen einen hallenartigen Charakter verleihen. Teilweise lassen sich hohlwegähnliche Strukturen darin erkennen, sodass der Weg aufwärts an zerbröckelte Treppenstufen erinnert. Wenig später wird der Hohlweg anhand des festen Wackersteinverbundes deutlicher. Sie wandern hier auf dem sogenannten Fabriksteig – einem wirtschaftlichen Verbindungsweg, der es Arbeitenden ermöglichte, einfach von Ostrov nach Tisá zu gelangen.

Bei km 0,8 erkennen Sie rechts eine hölzerne Steighilfe, die an eine Mischung aus Leiter und Treppe erinnert. Sie befinden sich hier im sogenannten **Himmelsreich** (Volské Kameny) ❶, einem gut besuchten Klettergebiet. Der entsprechende Klettercodex hängt einige Meter weiter in einer Vitrine aus. Wenn Sie die steile Treppenleiter hinaufgehen, kommen Sie auf recht einfache Art zwischen die Felsen des Großen und Kleinen Fabrikturms (Malá Tovární věž & Velká Tovární věž).

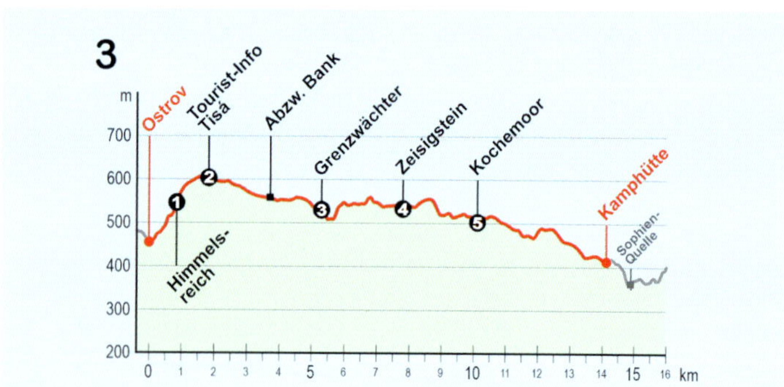

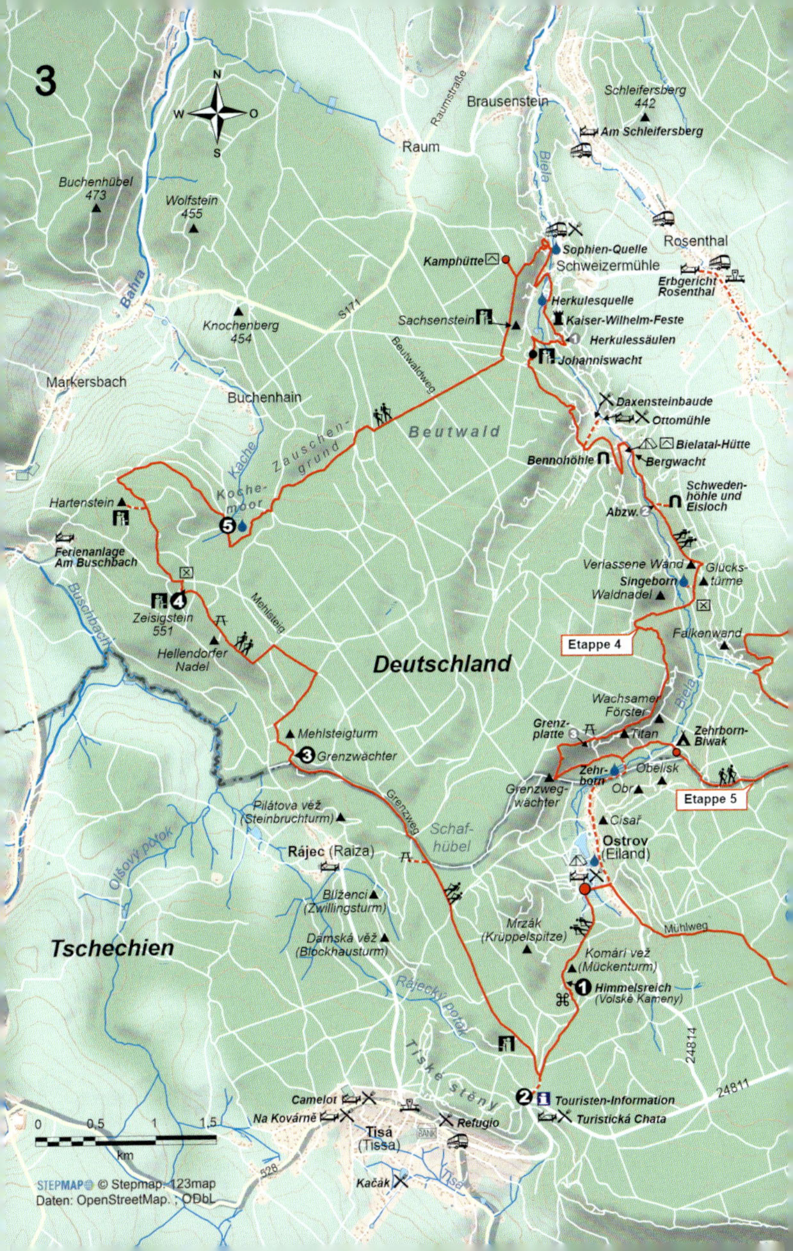
3
N
W
O
S
Raumstraße
Brausenstein
Schleifersberg 442
Am Schleifersberg
Raum
Biela
Buchenhübel 473
Wolfstein 455
Rosenthal
Sophien-Quelle
Kamphütte
Schweizermühle
Erbgericht Rosenthal
Bahra
S171
Herkulesquelle
Knochenberg 454
Sachsenstein
Kaiser-Wilhelm-Feste
Herkulessäulen
Johanniswacht
Beutwaldweg
Markersbach
Buchenhain
Daxensteinbaude
Ottomühle
Zauschengrund
Beutwald
Bielatal-Hütte
Bennohöhle
Bergwacht
Kache
Kochemoor
Schwedenhöhle und Eisloch
Hartenstein
Abzw.
Ferienanlage Am Buschbach
Verlassene Wand
Glückstürme
Singeborn
Waldnadel
Zeisigstein 551
Mehlsteig
Buschbach
Hellendorfer Nadel
Etappe 4
Falkenwand
Deutschland
Wachsamer Förster
Biela
Grenzplatte
Titan
Zehrborn-Biwak
Mehlsteigturm
Grenzwachter
Zehrborn
Obelisk
Grenzwegwächter
Obr
Etappe 5
Pilátova věž (Steinbruchturm)
Grenzweg
Císař
Olšový potok
Schafhübel
Ostrov (Eiland)
Rájec (Raiza)
Blíženci (Zwillingsturm)
Mühlweg
Mrzák (Krüppelspitze)
Dámská věž (Blockhausturm)
Tschechien
Komáří vež (Mückenturm)
Himmelsreich (Volské Kameny)
Rájecký potok
24814
Tiské stěny
24811
Touristen-Information
Camelot
Turistická Chata
Na Kovárně
Refugio
0
0,5
1
1,5
km
Tisá (Tissa)
BANK
528
Tisá
Kačák
STEPMAP © Stepmap, 123map
Daten: OpenStreetMap, ODbL

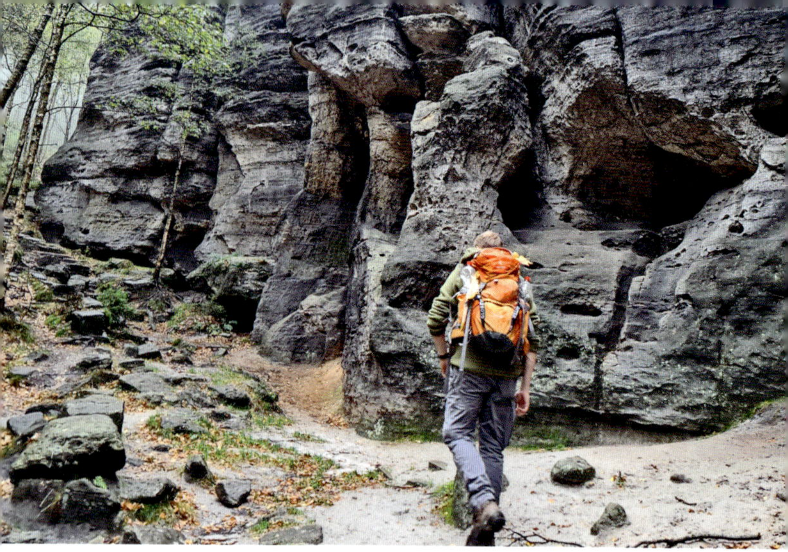

*Sandiger Grund am Fabriksteig © Çiğdem Karalı*

Wenn Sie sich am südlichen Ende des Himmelsreiches in den östlich liegenden Felsen trauen, entdecken Sie an dessen Rückseite eine Gedenkstätte mit den Namen von verunglückten Bergsteigenden, die hier in näherer Umgebung ihr Leben verloren haben.

Folgen Sie anschließend der Wackersteinpflasterung für 220 m. Sie gelangen auf einen seitlich herannahenden, ebenen Weg. Dort halten Sie sich rechts und wandern bis zu einer Stelle mit einer Infotafel. Hier zweigt der Forststeig im spitzen Winkel nach rechts ab.

✎ Ab dem spitzen Abzweig des Wanderweges folgen Sie wieder der **gelben Markierung des Forststeiges**.

↳ Wandern Sie hier weiter geradeaus, so kommen Sie in 180 m zur ℹ Touristen-Information ❷ von **Tisá**.

## Tisá

ℹ 🛏 ✕ **Turistická Chata**, Tisá 257, 403 36 Tisá, ☎ +420/475/22 22 75, ✉ turischatatisa@volny.cz, 💻 www.turistickachatatisa.cz, ÜF EZ € 38, DZ € 76, 🚪 ✕ & ℹ Di-Do 11:00-21:00, Fr & Sa 10:00-23:00, So 10:00-19:00

**Hotel Camelot**, Tisá 355, 403 36 Tisá, ☏ +420/475/22 23 58, hotelcamelot@seznam.cz, www.hotel-camelot.cz, Ü EZ € 50, DZ € 90, MBZ € 130, F € 10, Do 12:00-20:00, Fr & Sa 11:00-20:00, So 11:00-17:00

♦ **Penzion Na Kovárně**, Tisá 302, 403 36 Tisá, +420/603/28 19 15 info@nakovarne.com, www.nakovarne.com, ÜF EZ € 52, DZ € 76, F möglich, Mo-So 10:00-20:00

☹ Zwar bestehen in Tisá noch viele weitere Unterkünfte, die meisten bieten aber erst Zimmer ab zwei Übernachtungen.

**Refugio**, Tisá 473, 403 36 Tisá, +420/702/01 77 74, So, Mo, Mi & Do 9:00-21:00, Fr & Sa 9:00-22:00

♦ **Restaurace Kačák**, Tisá 418, 403 36 Tisá, +420/606/38 99 96, So-Do 11:30-22:00, Fr & Sa 11:30-00:00

**Coop**, Tisá 528, 403 36 Tisá, Mo-Fr 7:30-12:00 & 12:30-16:30, Sa 7:30-11:00. Zur Bezahlung sollten Sie ein paar tschechische Kronen dabeihaben.

BANK **Euronet Geldautomat**, Tisá 248, 403 36 Tisá. ☹ Der Automat gibt zwar auch Kronen aus, erhebt aber sehr hohe Gebühren!

**Tiské stěny** (zu Dt. Tyssaer Wände), Zugang über Turistická Chata, € 2, Mo-So 9:00-17:00

Bus zum Grenzübergang Bahratal, Děčín, Rosenthal

Tisá (ca. 1.000 Einwohnerinnen und Einwohner), zu Dt. Stihl, ist insbesondere durch die Tyssaer Wände mit dem Felsenlabyrinth und als Ausgangspunkt für Klettertouren ein Touristenmagnet.

☺ Sie sollten sich den Abstecher zu den **Tiské stěny, zu Dt. Tyssaer Wänden**, nicht entgehen lassen. Sie werden auch als Felsenstadt oder Felsenlabyrinth bezeichnet und zahlreiche Felsnadeln, 70 m hohe Gesteinstürme, Aushöhlungen, Spalten und Fenster bilden einen pittoresken, fast surrealen Anblick. Da ist es wenig verwunderlich, dass die Menschen in grauer Vorzeit in dem Gelände die Heimat des Teufels vermuteten. Die vielen skurrilen Formationen beflügeln die Fantasie: eine Schildkröte, ein Eispavillon, der Stiefel Napoleons, ein enthaupteter Major oder eine Mumie sind nur einige Gebilde, die sich in dem verwitterten Gestein entdecken lassen. Kaum überraschend, dass auch einige Szenen des Films „Die Chroniken von Narnia“ hier gedreht wurden.

Wichtig zu wissen ist, dass die Tyssaer Wände einen geringen Eintritt kosten. Diesen können Sie in der Nähe der Kirche in Tisá oder (für Sie praktischer) bei der Touristen-Information Turistická Chata (kleines Kassenhaus) bezahlen. Nur über diese beiden Zuwege gelangen Sie in die Felsenstadt. Innerhalb des Areals bestehen drei Rundwege. Anders als das kleine Felsenlabyrinth im Bielatal kommen Sie hier weitestgehend auch mit großem Rucksack durch. Die meisten Wege haben eine ausreichende Breite.

Für die Begehung sollten Sie ausreichend Zeit einplanen. Der Abstecher und der kleine Rundweg schlagen mit mindestens 1 Std. zu Buche. Da die 3. Etappe recht eben verläuft und grundsätzlich eher Abstiegsmeter gemacht werden, lässt sich der kleine Ausflug gut einbinden.

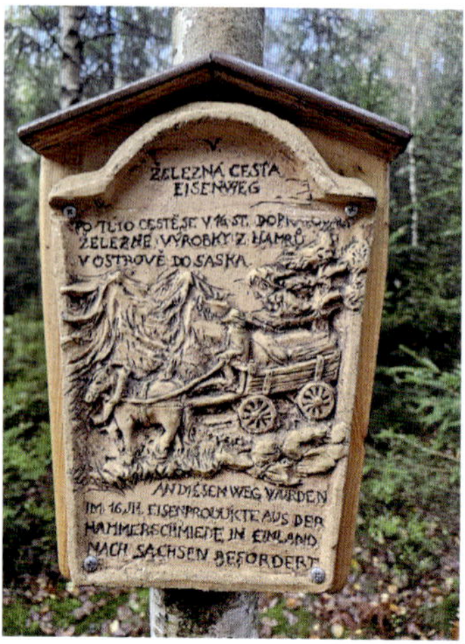


*Der Eisenweg ist Teil der historischen Verbindungsstrecke*

Nach dem spitzen Abzweig des Forststeiges geht es erst einmal wieder bergab. Nach 380 m ist ↰ links ein kleiner Pfad zu einem 50 m entfernten Ausblick auf die Tyssaer Wände zu erkennen. Von nun an verläuft der Weg recht geradlinig für 1,6 km Stück für Stück abwärts. Die erste Wegekreuzung können Sie ignorieren, an der zweiten Wegekreuzung haben Sie die Option, ↰ kurz nach links abzubiegen, um eine überdachte Bank zu erreichen. Der Weg, der hier Ihren kreuzt, gehört zu den historischen Eisenwegen, die als gepflasterte Hohlwege angelegt die Ortschaften miteinander verbanden. In diesem Fall führte der **Eisenweg** von Ostrov in die Hammerschmiede.

↰ Sollten Sie nach **Rájec** wollen, führt Sie dieser Weg ebenfalls nach links in 780 m dorthin.

Nun verläuft der Forststeig wieder auf der **Grenze** zwischen Deutschland und Tschechien. Der Grenzweg, wie dieser Abschnitt genannt wird, hat den Namen von den hier im Kalten Krieg patrouillierenden Grenzschutzsoldaten. Zur damaligen Zeit war dieses Sperrgebiet gut gesichert und mit Stacheldraht versehen. Sollten Sie einmal Ihren Weg verlassen, erkennen Sie noch Warnhinweise. Für die nächsten 1,5 km können Sie sich wieder an den auffälligen Grenzsteinen und Grenzpfählen orientieren. Schön an diesem Weg ist, dass es sich um einen ausgetrampelten Wiesenpfad handelt, dessen lichter Bewuchs ein wenig Sonne

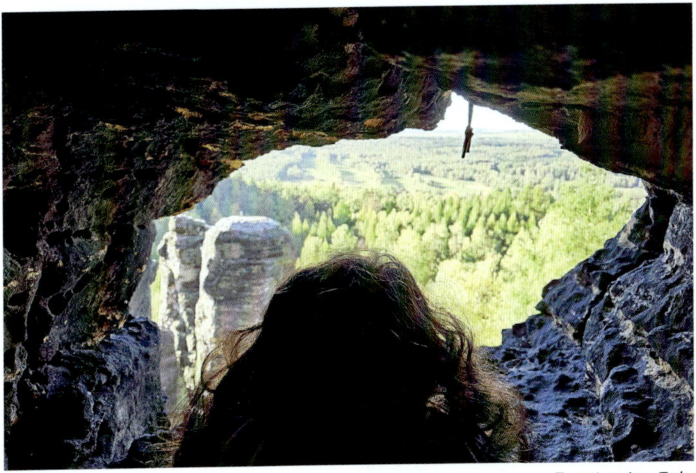

*Fenster im Fels*

zulässt. Lediglich ein paar Birken, niedrige Fichten und mannshohe Farne gedeihen am Wegesrand. Das hölzerne Schild mit dem Löwen im Wappen gibt Aufschluss darüber, dass Sie durch ein Naturschutzgebiet wandern und daher die Wege nicht allzu weit verlassen sollten. Die letzten Grenzmeter werden felsiger. Durch kleine Aufbrüche im Wald erahnen Sie die Höhe der Klippen. Ein kleines Fenster im Fels lässt schließlich einen Blick auf die Landschaft zu. Nachdem sich die Grenze über die Klippe ins Tal gesenkt hat, zweigt der Forststeig nach rechts ab. Beim Felsen **Grenzwächter ❸** müssen Sie sich den Weg ein wenig durch die verschieden hohen Ebenen bahnen und gelangen unterhalb des massiveren **Helmutpfeilers** in eine urwaldähnliche Talsenke. Der Wald ist hier durch die aufgeasteten, hochstämmigen Fichten gut sichtbar in zwei Etagen strukturiert. Während in der oberen Etage das dunkle Nadelkleid der Fichten dominiert, ist der Unterwuchs mit allerlei Kräutern, Farnen und verkümmerten Laubtrieben durchsetzt. Oft reichen die Pflanzen so dicht an den Pfad heran, dass Sie den Erdboden kaum erkennen können. Ein Weg zweigt unterhalb vom Helmutpfeiler nach rechts ab, endet aber nach wenigen Metern oberhalb vom Mehlsteigturm. Bleiben Sie daher besser in der grünen Talsenke und biegen Sie nach gut 170 m rechts ab. Halten Sie sich auf dem Pfad, der rechts durch das lang gestreckte, dunkle Felsenportal führt. Haben Sie die Felsen passiert, wandern Sie an den beiden nächsten Kreuzungen zweimal links und anschließend rechts.

Der Forststeig führt am Hang entlang. Birkengehölze und hoher Farn prägen wieder mehr die Szenerie. Kurz vor der **Hellendorfer Nadel** durchschreiten Sie plötzlich einen Buchenwald, in dem Sie einen kleinen Hohlweg passieren müssen. Die Hellendorfer Nadel erinnert etwas an einen ausgestreckten Mittelfinger, ist aber ein Kletterfelsen mit verschiedenen Routenführungen.

Für das Klettern in der Sächsischen Schweiz bestehen strenge Regularien. Diese wurden bereits früh, in dem Jahr 1910, aufgestellt und sollen den brüchigen Sandstein schützen und erhalten. Kern ist das „freie Klettern", sprich ein Klettern allein durch Muskelkraft ohne Zuhilfenahme künstlicher Unterstützung. Zudem ist auch die Verwendung von Stoffen zur Erhöhung der Reibung verboten. Nur wer sich an die Grundsätze hält, bekommt das Recht zur Eintragung in das Gipfelbuch.

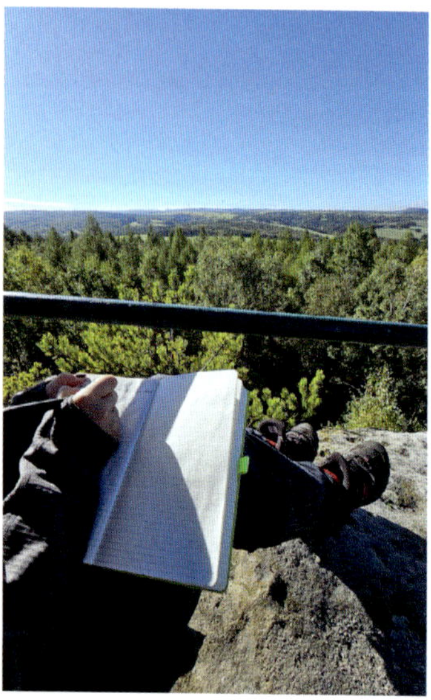

*Logbuch auf dem Zeisigstein*

Generell finden sich hier zahlreiche populäre Kletterfelsen. 550 m weiter haben Sie die Möglichkeit, ohne Ausrüstung und Kletterfähigkeiten den Gipfel eines Felsens zu erklimmen: ↳ Hoch zum westlichsten Gipfel der Sächsischen Schweiz, dem **Zeisigstein ❹**, führt eine in den Farben des Forststeiges gehaltene Metalltreppe auf die Kanzel. Oben bekommen Wandernde einen 360-Grad-Rundumblick. Gipfelstürmerinnen und Gipfelstürmer können sich zudem in das kleine Logbuch eintragen, das in dem Metallkasten verborgen liegt.

☺ Logbücher, wie auf dem Zeisigstein, sind oft in diesem Abschnitt zu finden. Manchmal sind sie etwas versteckt. Daher heißt es: Augen aufhalten.

An der T-Kreuzung unterhalb des Zeisigsteins führt der Forststeig an der Informationstafel und der ⩩ Bank mit der ☒ Wetterschutzhütte weiter links. Nach 100 m zweigt ein schwer ersichtlicher Pfad rechts in die Vegetation ein.

Bleiben Sie aufmerksam, denn links führt nach 700 m ein 200 m langer Abstecher hoch zum Ausblick **Hartenstein** mit einem weiteren Gipfelbuch. Ein Metallpodest bringt Sie über den eingekerbten Felsen zum Aussichtspunkt. In der Ferne erkennen Sie Bad Gottleuba-Berggießhübel, direkt unter sich Markersbach und Hellendorf.

Anschließend folgen Sie dem Forststeig für 370 m. An der T-Kreuzung wandern Sie für 190 m nach rechts.

An der T-Kreuzung kommen Sie links in 760 m nach **Hellendorf**.

## Hellendorf

**Ferienanlage Am Buschbach**, Birkenallee 1, 01816 Hellendorf, 03 50 23/510 73, info@ferienanlage-am-buschbach.de, www.ferienanlage-am-buschbach.de, Ü EZ/DZ/MBZ € 65, F möglich

nach Pirna (dort )

Sobald sich für Sie ein Blick auf eine Wiesenfläche ergibt, wandern Sie erneut rechts. Ein breiter Forstweg führt Sie in 720 m runter zum unscheinbaren **Kochemoor**. Westlich des Kochemoors müssen Sie etwas genauer schauen, wo der Weg hineinführt, denn nicht der auffälligsten Einbiegung müssen Sie hier folgen, sondern einem kleinen Pfad danach linker Hand. Zudem haben Sie hier am **Zulauf des Kochemoors** ❺ die einzige Möglichkeit, Wasser für die Nacht in der Kamphütte aufzufüllen. Da Sie nicht ganz an die Quelle gelangen, empfiehlt sich ein Wasserfilter. Sollten Sie die Flaschen nicht voll bekommen, befindet sich in der Nähe der Kamphütte auch die Sophien-Quelle, dazu müssen Sie jedoch steil ins Bielatal absteigen (☞ 4. Etappe).

Der Pfad verläuft durch dichtes Heidelbeergestrüpp über einen bewaldeten Höhenkamm. Im Sommer können Sie sich an dem reichhaltigen Fruchtangebot bedienen – eine nette Abwechslung zu der klassischen Trockennahrung. Nach rund 500 m halten Sie sich einmal rechts, ehe ein breiter Forstweg Ihren Weg kreuzt. Dort wandern Sie links runter und biegen nach 90 m auf den herabführenden, breiten Forstweg mit der Holztafel mit der Aufschrift „**Zauschengrund**" ab. Durch die eingeschnittene und mit Felsen gesäumte Talsenke wandern Sie 850 m hinunter, halten sich dann links und 50 m weiter auf den unscheinbaren, kleinen Pfad nach rechts. Dieser bringt Sie in 190 m auf einen höher gelegenen, parallel verlaufenden Forstweg. Diesen kreuzen Sie und wandern nun auf einem ebenen, schnurgerade verlaufenden Wald- und Wiesenweg durch den Mittleren Beutwald. Nach 1,2 km kommen Sie an einer Kurve mit T-Kreuzung heraus.

Sollten Sie nicht zur Kamphütte wollen, können Sie an der T-Kreuzung nach rechts abkürzen, etwa wenn Sie schneller zur **Ottomühle** gelangen möchten. Dies empfiehlt sich nur dann, wenn Sie am nächsten Morgen an diese Stelle zurückkehren, um mit dem Bielatal eines der großen Highlights des Forststeiges zu besichtigen.

An der T-Kreuzung wandern Sie links hoch. Folgen Sie dem Verlauf des breiten Weges geradeaus. Nach 240 m ist der **Sachsenstein** ausgeschildert.

Der Sachsenstein oder Friedrich-August-Stein liegt nur 80 m entfernt. Dennoch führt der Weg hier ins Tal. Um den Aussichtspunkt zu erklimmen, nehmen Sie mehrere steile Metallleitern durch einen Felsenschlot. Sie sollten besser an gering frequentierten Tagen aufsteigen! Wer in der Kamphütte übernachtet, bringt lieber seinen Rucksack dorthin und genießt den Ausblick am späten Abend ohne Gepäck. Denn mit größerem Gepäck ist der Aufstieg kaum machbar. Zudem sollten Sie schwindelfrei und trittsicher sein. Sie bekommen einen guten Blick auf die Kaiser-Wilhelm-Feste auf der gegenüberliegenden Talseite.

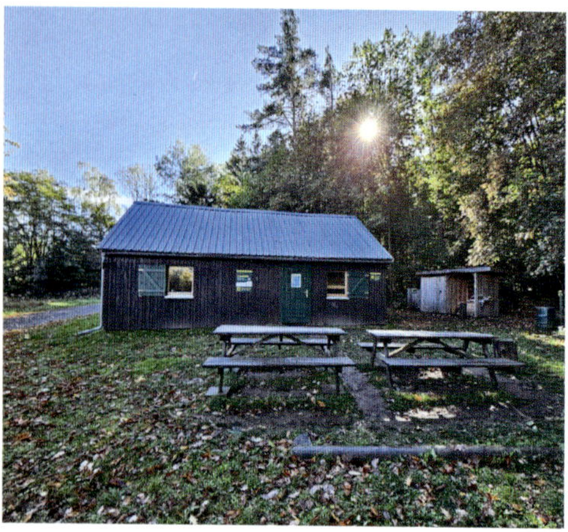

*An der Kamphütte endet die heutige Etappe*

Von dem Hinweis zum Sachsenstein sind es nur noch 400 m, ehe der ausgeschilderte Weg zur Kamphütte nach links abzweigt. Sie erreichen die Kamphütte in 140 m.

Die **Kamphütte** im Niederen Beutwald ist eine alte Forsthütte, deren Innenraum mit Holz neu ausgestaltet wurde. Offiziell befinden sich hier zehn Schlafplätze verteilt auf Stockbetten im Erdgeschoss und einen Schlafboden im Dachgeschoss. Zudem gibt es einen Aufenthaltsraum mit Ofen und Brennholz sowie eine Komposttoilette und Brauchwasser im Außenbereich.

# 4. Etappe: Von der Kamphütte zum Zehrborn-Biwak

*9,9 km, 4 Std., ↑ 412 m, ↓ 391 m, ⇧ 354-524 m*

| | | |
|---|---|---|
| 0,0 km | ⇧ 413 m | Kamphütte |
| 0,8 km | ⇧ 359 m | Sophien-Quelle und Abzweig Räuberhütte |
| 1,8 km | ⇧ 390 m | Aufstieg Herkulessäulen |
| 2,5 km | ⇧ 415 m | Johanniswacht |
| 3,6 km | ⇧ 390 m | Abzweig Daxensteinbaude und Ottomühle |
| 3,9 km | ⇧ 405 m | Abzweig Bennohöhle |
| 4,5 km | ⇧ 382 m | Bielatal-Hütte |
| 5,0 km | ⇧ 400 m | Abzweig Eisloch und Schwedenhöhle |
| 8,1 km | ⇧ 518 m | Grenzplatte |
| 9,3 km | ⇧ 437 m | Abzweig Zehrborn-Quelle |
| 9,9 km | ⇧ 428 m | Zehrborn-Biwak |

*Eine der ausdrucksstärksten Etappen steht bevor. Nehmen Sie sich daher ausreichend Zeit, um die vielen kleinen Entdeckungen zu machen, die dieser Wandertag zu bieten hat. Ganz zu Beginn ist direkt Konzentration gefragt: Über einen steilen Abstieg geht es innerhalb kürzester Distanz über Treppen und Leitern die gesamten Klippen herab ins Tal. Der Forststeig führt jeweils zu den bizarren Gesteinsformationen, Sandsteinnadeln und Höhlen im Wechsel mal die rechte und mal die linke Flanke im Bielatal hinauf. Mit dem Aufstieg in Richtung Grenzplatte verlassen Sie den Trubel und wandern gewohnt einsam oberhalb des tief gekerbten Grenzgebietes. Lassen Sie den Abend doch mit einem sagenhaften Sonnenuntergang an dem Felsvorsprung ausklingen, ehe Sie zum Zehrborn-Biwak absteigen.*

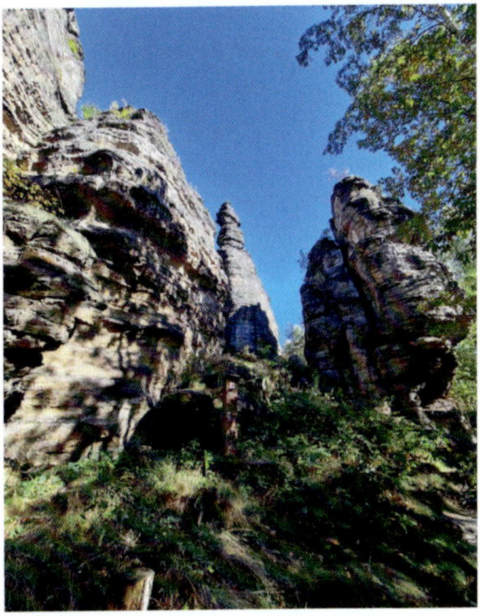

*Durch das sagenumwobene Bielatal*
*© Çiğdem Karalı*

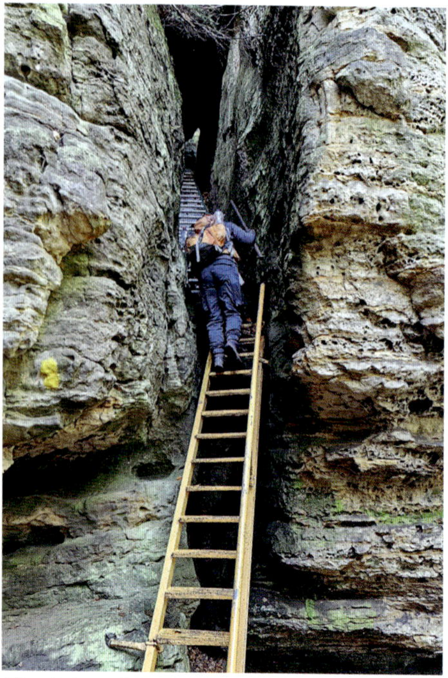

*Eisenleitern führen aus dem Nachbar ins Bielatal*

☺ Ein früher Start in den Tag lohnt sich. Gerade am Wochenende zieht es viele Touristinnen und Touristen in dieses wirklich sehenswerte Tal. Damit Sie weitestgehend für sich sind und auch auf den Metallstiegen keinen Gegenverkehr haben, beginnen Sie besser früh.

Das Bielatal bietet mannigfaltige Entdeckungen, die einen gesamten Tag Aufenthalt rechtfertigen – angefangen bei den einzelnen besteigbaren Kanzeln über die Höhlen bis hin zu dem kulturhistorischen Erbe des Tals. Um dieser mit Highlights gespickten Wanderung gerecht zu werden, wurde die Wegstrecke auf 9,9 km verkürzt. So bleibt ausreichend Zeit für Kaiser-Wilhelm-Feste, Eisloch, Schweden- und Bennohöhle oder einen der letzten Hochöfen Deutschlands. Am Ende des Tages werden Sie daher dennoch eine stattliche Wegstrecke gewandert sein.

☺ Sollten Sie schnell durch die Landschaft wandern, können Sie vom ⛺ Zehrborn-Biwak den Wandertag auch bis zur ⌂ Rotsteinhütte verlängern.

Sie wandern von der **Kamphütte** den kurzen Abschnitt zurück zum Forststeig und halten sich dort links. Bald kommen Sie an das Gipfelplateau des **Nachbarn**, an dem sich die Felsen gegenseitig überlagern. Nehmen Sie hier nicht den direktesten Weg vom Nachbarn herab, sondern achten Sie gewissenhaft auf die ✎ Markierung des Forststeiges. Der Weg ist so angelegt, dass Sie zwar ein paar

Extrameter gehen, dafür aber einen schönen Weg mal über die Felsplatten, mal unter dem Geröll hindurch nehmen. Wandern Sie direkt nach Betreten des Nachbarn rechts durch die mit einem Sandsteinbrocken überdachte Felsspalte und marschieren Sie auf die kleine Kanzel mit Geländer zu. Dort bekommen Sie einen Überblick über den Abstieg. Anschließend wird es das erste Mal unwegsam, denn ein steiler, naturnaher Treppenabstieg wartet auf Sie, an dessen Ende Sie rechts im Hang weiterwandern. Kurz darauf befinden Sie sich an einer ausgedehnten Felsspalte, die Sie erst über eine **Metallstiege** und wenig später über eine **Eisenleiter** passieren.

Achtung! Gerade auf den Eisenleitern ist Trittsicherheit und Konzentration gefragt. Steigen Sie eine solche Leiter immer rückwärts mit dem Gesicht zu den Sprossen herab. So können Sie sich besser an der Leiter festhalten und vermeiden es herabzustürzen.

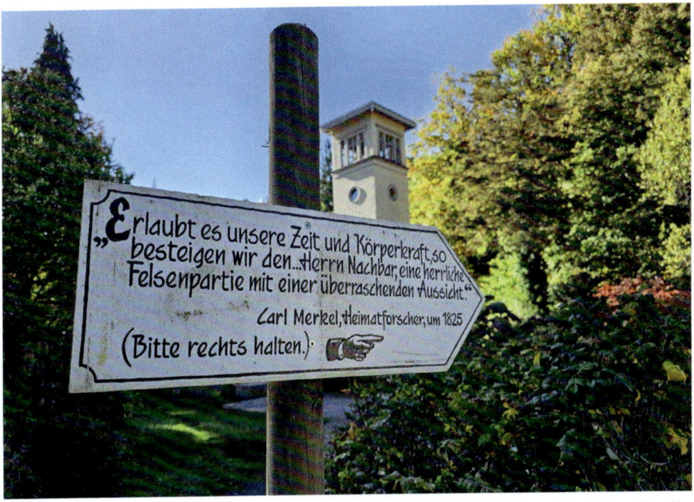


*Wegweiser zur Sophien-Quelle*

Unten angekommen wandern Sie geradewegs auf die überdachte **Sophien-Quelle** zu. Zwar kommt heute noch die ein oder andere Möglichkeit, Wasser zu schöpfen, aber die Sophien-Quelle bietet gutes Wasser. Der kleine Brunnenpavillon ist auch die Gedenkstätte des regionalen Komponisten Erik Meyer-Helmund.

In wenigen Metern kommen Sie hier zu dem schon sichtbaren Kiosk Räuberhütte, der wochenends leckere regionale Kleinigkeiten anbietet.

## Schweizermühle/Bielagrund

**Räuberhütte**, Schweizermühle 10, 01824 Bielatal, Sa & So 11:00-19:00
Bus nach Pirna (hier ), Königstein (hier ) und Sněžník

**Schweizermühle/Bielagrund** ist ein lang gestreckter Ort, der zu den Kernorten Bielatal und **Rosenthal** (rund 1.500 Einwohnerinnen und Einwohner) gehört und im tief eingekerbten Tal der Biela verläuft. Hauptsächlich bestand der Ortsteil Schweizermühle/Bielagrund aus Orten, die aus sogenannten Eisenhämmern hervorgegangen sind. Dabei handelt es sich um Handwerksbetriebe, die auf die Herstellung von Schmiedeeisen spezialisiert waren. Die Betriebe nutzten die Wasserkraft der Biela, die selbst in langen Dürreperioden ausreichend Wasser führte. Ein inzwischen äußerst seltenes Relikt dieser Zeit ist der denkmalgeschützte Hochofen, der nahe der Schweizermühle besichtigt werden kann. Neben einer Vielzahl an Wandernden sind es vor allem Kletternde, die dieses Tal frequentieren: Knapp 250 Gipfel und mehrere Tausend Kletterrouten halten die beiden Täler Bielatal und Dürre Biela bereit.

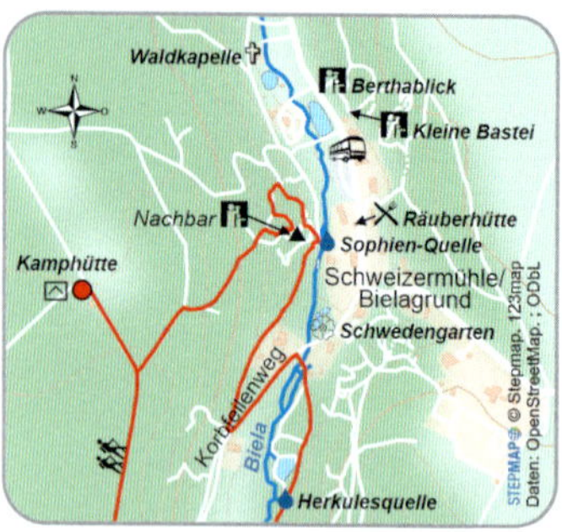


An dem Waldrand zu Ihrer Rechten wandern Sie nun an dem Zaun eines Privatgeländes entlang. Bald passieren Sie den oben abgebrochenen, unteren Teil eines historisch anmutenden Turmes, der sich auf dem Gelände des Schwedengartens befindet – eine künstliche Ruine in dem Zeitgeist der Romantik. Der wildromantische Schwedengarten wurde im Zuge des Baus zahlreicher Villen angelegt, die zur Zeiten des aufkommenden Tourismus erbaut wurden. Den Namen bekam der Garten durch den Schweden Martin Bergwal, der durch seine Sammlung exotischer Nadelgehölze bekannt wurde.

Hinter dem Schwedengarten neigt sich Ihr Pfad zur Straße **Korbfeilenweg** herab. Auf der Straße machen Sie kehrt, halten sich einen Moment am kleinen Mäuerchen links und wandern wenige Meter später auf der rechten Straßenseite auf einen gut sichtbaren Weg, der über einen kleinen Bach führt.

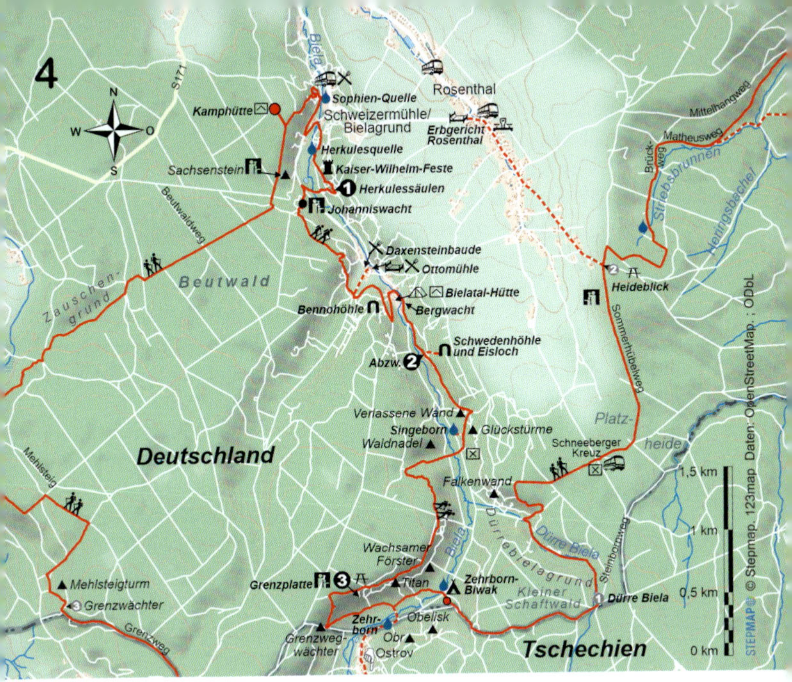


Möchten Sie das historische Ensemble der **Schweizermühle** sehen, können Sie bis zum Ende des Korbfeilenweges gehen und rechts in die Straße Schweizermühle einbiegen. Der Weiler Schweizermühle, der aus einem Hammerwerk und einer Kaltwasserheilanstalt hervorgegangen ist, ist eine Besonderheit. Der Name ist darauf zurückzuführen, dass das erste Kurhaus dem Schweizer Stil nachempfunden wurde. Früher vom Hochadel gerne besucht, entstanden nach einigen Starkregenereignissen jedoch große Schäden an dem Gebäudekomplex. Später als Tuberkuloseheilanstalt und als Altenheim genutzt, ist er inzwischen geschlossen und dem Zerfall überlassen.

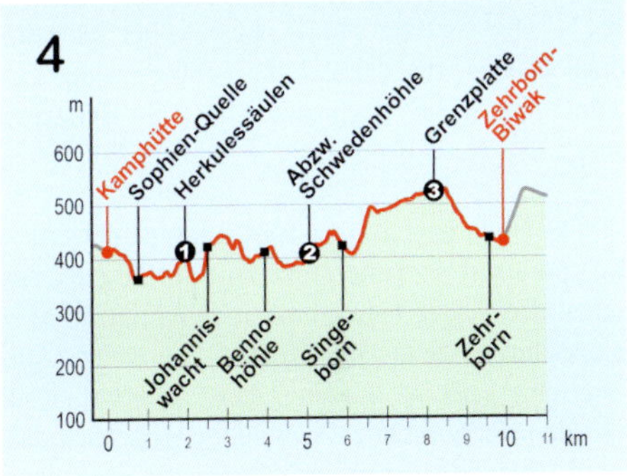

Allmählich bahnen sich links von Ihnen Ungetüme an Felsklippen an. Ihr Weg führt noch einige Meter über zunächst erdigen Grund und durch niedrigstämmige Vegetation. Sollten Sie Ihre Flaschen nicht bereits an der Sophien-Quelle gefüllt haben, haben Sie an der **Herkulesquelle** nochmals die Möglichkeit. Lassen Sie sich nicht von der Einfassung irritieren, 2 m weiter unten können Sie von dem hinabplätschernden Wasser schöpfen. Ursprünglich konnte hier kein Wasser entnommen werden, da ein Pumpenhäuschen das Wasser in den Kurort Bad Gottleuba pumpte. Im Jahr 2011 erst zurückgebaut, können sich nun Wandernde hier über frisches, klares Wasser erfreuen. Wandern Sie schließlich 180 m weiter, vorbei am Felsen Pumpenwärter, dann finden Sie links den Aufstieg zur **Kaiser-Wilhelm-Feste**.

Hoch zur Kaiser-Wilhelm-Feste ist der Weg nicht minder anstrengend, aber dennoch ohne technische Schwierigkeiten machbar. Grundsätzlich bieten sich Ihnen auf den weiteren Felsplateaus ähnliche Aussichten. Das Kuriosum, das diesen Felsen besonders macht, ist vielmehr das mittelalterlich anmutende Bauwerk, das darauf errichtet wurde. Es handelt sich um eine Bastion, die dem romantischen Zeitgeist Ende des 19. Jahrhunderts entsprach. Mit dem preußischen Kaiser hat das Gemäuer jedoch weniger zu tun, es soll sich vielmehr um eine Einlösung einer in Bierlaune gemachten Wetten handeln.

Sind Sie nun einmal oberhalb der Klippen, können Sie theoretisch auch oben bleiben, um die anderen Felsvorsprünge zu besichtigen. Schade wäre es jedoch, bieten sich doch gerade hoch zur Herkulessäule abwechslungsreiche Aufstiege.

Der Boden unter Ihnen wird aufgrund der Erosion des Gesteins sandiger, teilweise erinnert der Untergrund an einen Strand am Meer. Der Forststeig führt zwischen den beiden Felsen hindurch und nur 30 m weiter bedarf es Ihrer Aufmerksamkeit. Denn wenn Sie auch nur einige Meter zu weit wandern, sehen Sie zwar eine gelbe Markierung, diese gehört aber zu dem Weg, der schon wieder von den Herkulessäulen herabführt. Ursächlich dafür ist, dass der Forststeig hier einen kleinen Exkurs in die Höhe macht.

Steigen Sie links auf dem treppenartigen Untergrund in den breiten, recht finsteren Felsengang hinauf. Oben umkurven Sie in einem totholzreichen Becken den Kleinen Herkulesstein. Rechts ergibt sich eine Öffnung zwischen dem Großen Herkulesstein und dem Hinteren Schroffen Stein, in die Sie reinkraxeln können. So gelangen Sie auf den kleinen Hangbalkon mit dem Geländer, an dessen Ende

Sie einen einzigartigen Blick auf die schlanken **Herkulessäulen** ❶ (☞ Seite 10-11) werfen können. Ein Bank lädt ein, ein wenig zu rasten.

Angelehnt an die Säulen des Herakles bezeichnete der Gelehrte Carl Merkel die beiden fragil wirkenden Säulen als Herkulessäulen. Das Aushängeschild des Bielatals beherbergt 22 Kletterrouten, die meisten jedoch für Fortgeschrittene.

Immer wieder entdecken Sie die verschiedensten in den porösen Sandstein geritzten Jahreszahlen und Inschriften von Ausflüglerinnen und Ausflüglern früherer Zeiten. Die ältesten sind teils vor über 150 Jahren entstanden.

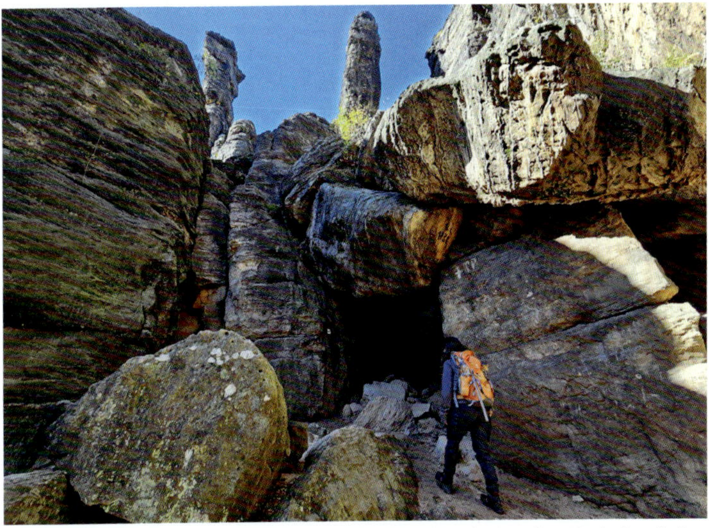

*Der Weg herab von den Herkulessäulen*

Am Anfang des Balkons führt der Weg dann über das Geröll wieder hinab und unterquert einen kleinen, natürlichen Tunnel. Nach dem Abstieg halten Sie sich in nordwestliche Richtung. Kurz bevor der Blick wieder auf die beiden Felsen frei wird, die Sie vor dem Aufstieg passiert haben, müssen Sie nach links unten abbiegen. In der bewaldeten Talsohle überqueren Sie die Biela über Holzplanken und folgen der Straße für knapp 40 m nach links, ehe es auf dem Pfad auf der gegenüberliegenden Talseite wieder unwegsam wird.

Der steil aufsteigende Weg führt auch hier wieder recht schnell durch eine enge Felsstelle, die keinen Gegenverkehr zulässt und Sie zwingt, große Rucksäcke in den Händen nach oben zu tragen.

Bis zur Johanniswacht führt der Weg nur noch um eine kleine Kurve und schließlich über eine einfache Metallstiege hinauf zur Kanzel. Der Ausblick von der **Johanniswacht** ist deshalb so schön, da nicht nur das durchwanderte Bielatal samt Kaiser-Wilhelm-Feste überblickt werden kann, sondern auch in der Ferne die Festung Königstein.

Nun können Sie ein wenig verschnaufen, denn der Forststeig bleibt auf dem südlichen Höhenzug und führt über einen angenehm ebenen Pfad über die Klippen. Sind Sie um den Zauberberg herum, wandern Sie an den vier Wiesensteinen vorbei und bekommen einen Blick auf den unter Ihnen liegenden Weiler, zu dem die **Ottomühle** sowie die **Daxensteinbaude** gehören. Wenige Meter weiter unten wandern Sie ein kurzes Stück auf einer asphaltierten Straße nach rechts und halten sich dann links auf den gut sichtbaren, breiten Wiesenweg.

An der asphaltierten Straßen nach links herab ist die einfachste Möglichkeit, in rund 240 m zur Ottomühle und zur Daxensteinbaude zu gelangen.

**Ottomühle**, Ottomühle 9, 01824 Bielatal, ☎ 03 50 33/768 00, info@ottomuehle.de, www.ottomuehle.de, Ü EZ/DZ € 85, F möglich, Do 17:00-20:00, Fr & Sa 12:00-22:00, So-Di 12:00-20:00. Die Ottomühle ist offizieller Forststeigpartner.

**Gaststätte Daxensteinbaude**, Ottomühle 8, 01824 Bielatal, ☎ 03 50 33/715 33, Mo-Fr 11:00-18:00, Sa & So 10:30-18:30

Daran anknüpfend wandern Sie am Waldrand entlang in einer ausladenden Kurve um das Klettergebiet rund um den Kubulus und den Schwarzmühlenwächter.

Rund 300 m nach dem Abzweig von der Straße liegt rechts von Ihnen der beschilderte Aufstieg zur 100 m entfernten **Bennohöhle**. Zum Betreten der Klufthöhle müssen Sie leicht in den Kriechgang hinein, anschließend können Sie wieder stehen. Die Höhle ist relativ lang, hat aber ein stärkeres Gefälle. Vorsicht, Rutschgefahr! Sie kann dennoch ohne Sicherheitsmaßnahmen mit ausreichend Beleuchtung besichtigt werden. Innerhalb der recht geräumigen Höhle soll noch sehr schwach die Inschrift „M. v. Donjn 1401. Benno" zu lesen sein. Darum ranken sich diverse Mythen. Etwa könnte der Burggraf von Dohna hier Schutz gesucht oder ein Eremit namens Benno hier gelebt haben.

Zwar gibt es in diesem Areal noch einige weitere Höhlen zu entdecken, viele davon sind aber nur mit Ausrüstung und genügend Erfahrung begehbar.

Sobald Sie die größten Felsen passiert haben, knickt der Forststeig spitzwinkelig nach hinten links ab und führt Sie an der ⛺ ⌂ **Bielatal-Hütte** vorbei in den Weiler **Bielagrund**.

⛺ ⌂ **Bialatal-Hütte**, Ottomühle 19, 01824 Bielatal, ☏ 03 50 33/715 38, ✉ mail@bergsteigerbund.de, 💻 www.bielatal-huette.de, Schlafplatz im Bettenlager € 22, Zeltplatz € 8, für Alpenvereinsmitglieder günstiger, Schlafsack muss mitgebracht werden, da es sich um eine einfache Hütte des Sächsischen Bergsteigerverbundes handelt

Nach rechts führt die Markierung auf die Straße Ottomühle, auf der Sie rechts weitergehen und die Station der Bergwacht passieren. Schon bald wandelt sich die asphaltierte Straße zu einem geschotterten, dennoch breiten Forstweg. Kurz bevor Sie die rauschende Biela überqueren würden, wandern Sie links einen kleinen Wiesenweg in den Hang eines Mischwaldes hinauf und nähern sich somit einer weiteren Klippenpartie und dem Abzweig zur ∩ **Schwedenhöhle** und dem ∩ **Eisloch ❷**.

↳ Beide Höhle sind ausgeschildert. Das ∩ Eisloch liegt direkt neben dem Hinweisschild. Der Eingang der ∩ Schwedenhöhle liegt an der Ecke unterhalb der abgebrochenen Wand. Zum Einstieg müssen die großen Trümmer in leichter Hocke unterquert werden. Direkt dahinter befindet sich eine kleinere Kammer, in der Sie wieder aufrecht stehen können. Daran angeschlossen führt ein tiefer Tritt herab, sodass Sie in einen verwinkelten Gang gelangen, wo auch die Höhle endet. Zum Betreten des weniger spannenden Eisloches müssen Sie zunächst etwas herunterklettern. Während das Eisloch bis in den Sommer hinein die winterlichen Temperaturen hält und sogar schon Schnee über mehrere Winter liegen geblieben sein soll, bot sich die Schwedenhöhle vor allem der Bevölkerung als Zuflucht an, da sie einen etwas versteckten und schmalen Eingang besitzt.

Der Forststeig führt auf einer leichten Erhöhung der Talsenke unweit der Biela direkt an den Felsen entlang und erhebt sich bald schon zu dem Portal zwischen

Verlassener Wand, Felsensportnadel und Wolfskopf. 70 m nach Verlassen des Felsenportals zweigt Ihr Weg rechts runter ins Tal der Biela ab.

➪ 💧 Nach etwa 220 m befindet sich rechter Hand ein kleiner Pfad zum 💧 Singeborn, einer kleinen, gefassten Quelle, an der Sie Ihre Flaschen auffüllen können. Der Erzählung nach rührt der Name von einem Pfarrer, der hier unter Chorgesang am Ostertag das Weihwasser schöpfte.

Wenige Meter weiter unten kreuzt wieder der breite Forstweg von der Ottomühle Ihren Weg. Sie passieren eine ☒ **Wetterschutzhütte** und eine Informationstafel zum Forststeig und wandern ab nun den beschwerlichen und etwas zugewachsenen Pfad geradeaus hoch, ehe Sie oben angekommen den linken der beiden Pfade wählen. Ab nun geht es recht komfortabel auf einer Hochebene voran. Viele kleine, verwurzelte und mit Felsen durchsetzte Pfädchen, Heidelbeerunterwuchs und schmalstämmige Birken prägen die Landschaft. Immer wieder bekommen Sie Blicke in das schöne hintere Bielatal. In dem einsamen Tal weit unter Ihnen rauscht die Biela, die hier oben kaum mehr zu hören ist. Einzig an guten Sonnentagen können Sie hier und da auf den fernen Felsnadeln die leuchtend roten und blauen Jacken begeisterter Kletternder erspähen. Vorbei an Felsen mit den klangvollen Namen Liebesknochen, Wachsamer Förster, Cima oder auch Einsame Nadel führt Sie die Markierung des Forststeiges zur 🗺 📷 **Grenzplatte ❸** – einem felsigen Aussichtsplateau, das den Blick auf Tschechien und Ostrov freigibt. Gerade im Sommer lassen sich hier malerische Sonnenuntergänge beobachten.

Der Abstieg beginnt rund 250 m nach der Grenzplatte links und ist überraschend schnell genommen, da das darunterliegende Bielatal deutlich an Höhe gewonnen hat. Vom Felsen Grenzwegwächter aus ist es nicht ganz möglich, direkt auf der Grenze zu wandern. Der Forststeig verläuft daher etwas oberhalb.

➪ Rund 620 m nach dem Grenzwächter führt rechts ein kleiner Pfad durch die Talsohle der Biela. Dort können Sie nach rechts entweder zur 200 m entfernten 💧 **Zehrborn-Quelle** oder zurück nach **Ostrov** (1,5 km zum Pod Císařem) gelangen. Der Erzählung nach soll die Zehrborn-Quelle beim Waschen verjüngende Wirkung haben. Dies trifft jedoch nur auf Frauen zu.

✋ Übernachten Sie heute am Zehrborn-Biwak, dann füllen Sie sich hier die Wasserflaschen auf. Da die Quelle recht flachgründig ist, hilft die Methode des ständigen Umgießens des Wassers von einer Flasche, mit der Sie etwas Wasser schöpfen, in eine andere, in der Sie das Wasser sammeln.

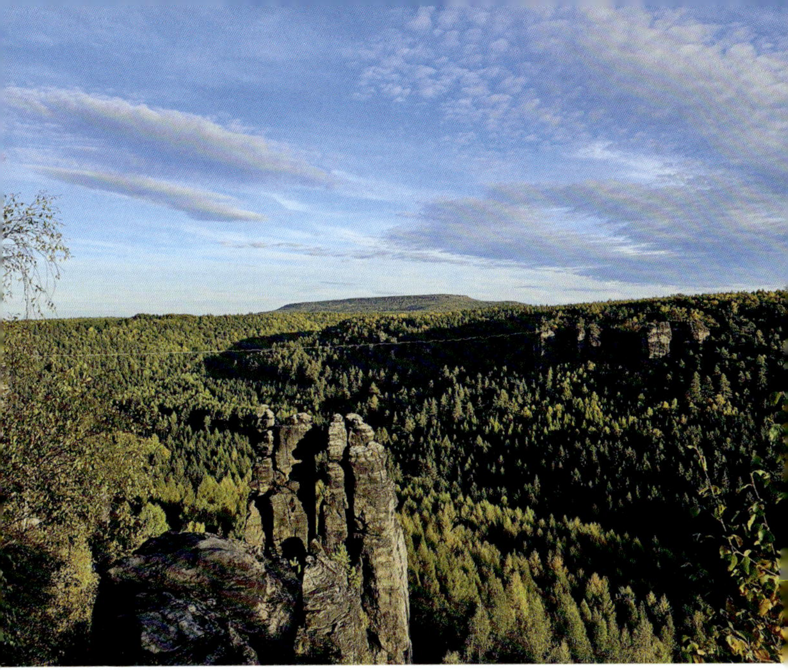

*Abendliche Stimmung an der Grenzplatte*

Vorbei am Abzweig zur **Zehrborn-Quelle** queren Sie bald schon die Biela. Der Forststeig führt nun durch das Hinterland der östlichen Bielatalflanke. Sie passieren mit dem breiten Forstweg erneut die geschotterte Verbindungsstraße der Ottomühle und Ostrov und wandern auf der gegenüberliegenden Seite das Tal hinauf. Kurz nach dem Anstieg, oberhalb der Biela, entdecken Sie das im Waldhang gelegene ⛺ **Zehrborn-Biwak** auf 440 Höhenmetern – schön, da im Eilandgrund die 💧 Biela (Wasserentnahme nur mit Wasserfilter) direkt unterhalb des Biwakplatzes rauscht und auch die 💧 Zehrborn-Quelle nicht weit weg ist.

⛺ Bei der Recherche im Jahr 2023 befand sich eine kleine Baustelle auf dem Zehrborn-Biwak. Aktuell wird in Kooperation mit der Uni Dresden eine Schutzhütte, ähnlich wie am Zschirnstein-Biwak, errichtet. Da der Untergrund einer technischen Sonderlösung bedarf, dauern die Bauarbeiten an, sollten jedoch im Laufe des Jahres 2024 beendet werden. Zelten ist dennoch möglich. Es gibt fünf Zeltplätze, zwei ⛩ Sitzmöglichkeiten, davon eine überdacht, sowie eine Komposttoilette.

# 5. Etappe: Vom Zehrborn-Biwak zum Spitzstein-Biwak

*15,1 km, 5 Std., ↑ 386 m, ↓ 468 m, ⇧ 349-526 m*

| | | |
|---|---|---|
| 0,0 km | ⇧ 428 m | Zehrborn-Biwak |
| 1,5 km | ⇧ 493 m | Tal der Dürren Biela |
| 3,9 km | ⇧ 494 m | Bushaltestelle Rosenthal/Sněžník |
| 5,6 km | ⇧ 496 m | Rastplatz Heideblick |
| 6,5 km | ⇧ 453 m | Abzweig Striebsbrunnen |
| 10,2 km | ⇧ 418 m | Rotsteinhütte |
| 11,1 km | ⇧ 447 m | Rotsteinkegel |
| 13,4 km | ⇧ 404 m | Signal |
| 15,1 km | ⇧ 350 m | Spitzstein-Biwak |

*Mit dem Rauschen der Biela aufgewacht, wandern Sie auf dem Forststeig grenznah auf ein verlassenes Hochplateau. Das Tal der Dürren Biela erinnert an nordamerikanische Nationalparks. Erholung bekommen Sie im zweiten Teil der Tagesetappe: Auf einem längeren fast ebenen Abschnitt können sich die müden Beine erholen. Auf einem Höhenweg geht es parallel zum Fuchsbach hoch zur Rotsteinhütte. Ausklang findet der Wandertag mit den drei Gipfelkuppen Rotstein, Katzfels und Spitzstein, ehe es zu dem gleichnamigen Biwak geht.*

Hinter dem **Zehrnborn-Biwak** können Sie sich bis zum Plateau an den auffälligen Grenzsteinen orientieren. Der Forststeig führt hinter dem Biwak hinauf, zweigt jedoch nach 330 m hinter den Felsvorsprüngen nach links ab. Am Pfad gedeihen Birken und Sie bemerken den historischen Pflastergrund unter Ihren Wanderstiefeln. Sobald Sie die Dürre Biela überquert haben, folgen Sie dem Bach auf dem großen Forstweg nach links, wobei sich der Weg ins Tal neigt. Ab hier beginnt eine wildromantische Wanderung, denn das Tal der **Dürren Biela** ❶ ist gesäumt von etlichen emporragenden Felsen und umliegenden Tothölzern. Der Bach selbst sucht sich hier seinen Weg herab und hier und da plätschert er als sprudelnder Wasserfall weiter. Fast freut man sich sogar an dem einzigen Apfelbaum in diesem Tal, der direkt nach der Brückenüberquerung rechter Hand steht und kleine, vitaminreiche Wildäpfel trägt. Nach rund 1 km verlassen Sie den breiten Weg und zweigen in einen unauffälligen kleinen Pfad ein, der Sie an der Schiefen Nadel und am Felsen Schwarzbeerturm vorbeiführt. Hinter den Felsen halten Sie sich links.

In dem vor Ihnen liegenden Waldstück könnte sich der ehemalige Ort Reichenau befunden haben. Über die Wüstung gibt es keine wirklichen Schriftstücke. Jedoch wurden kulturhistorische Relikte im Waldboden entdeckt. Denkbar ist, dass der Ort wegen eines Raubüberfalls, großen Brandes und der Pest untergegangen ist.

Auf den recht ebenen Pfad entlang der Klippen fällt schön das Sonnenlicht, da die hochstämmigen Nadel- und Laubbäume kaum Bewuchs auf mittlerer Höhe aufweisen. Lediglich etwas Unterwuchs in Form von Heidelbeeren und Farnen säumt den Weg. Nach einer kleinen Rechtskurve ignorieren Sie links den verlockenden Weg und folgen dem Verlauf des Weges, bis er in der Fuchsbachstraße mündet. Die nächsten 2,6 km verlaufen recht unspektakulär über gut ausgebaute, ebene Wege durch den Forstwald – eine gute Möglichkeit, die Beine sich unter dem schweren Gepäck etwas erholen zu lassen und einige Kilometer zu machen.

Nach 680 m passieren Sie zunächst eine **Verbindungsstraße am Schneeberger Kreuz** zwischen Rosenthal-Bielatal und Sněžník, an der es auch eine 🚌 Bushaltestelle und eine ☒ Wetterschutzhütte gibt. Unweit von hier qualmten bis ins Jahr 1935 die letzten Kohlemeiler.

☺ ➷ Sollten Sie heute im 🛏 Erbgericht Rosenthal übernachten, bringt Sie der Bus geradewegs bis vor das Gasthaus.

Am großen Abzweig halten Sie sich links auf den **Sommerhübelweg** und folgen diesem, bis Sie nach 1,5 km an eine große Wiese kommen. Nach so vielen Tagen tut der weite, helle Blick über die Wiese runter in die Ortschaft gut. Eine überdachte Sitzmöglichkeit mit dem Namen **Heideblick ❷** lädt ein, ein wenig länger zu verweilen.

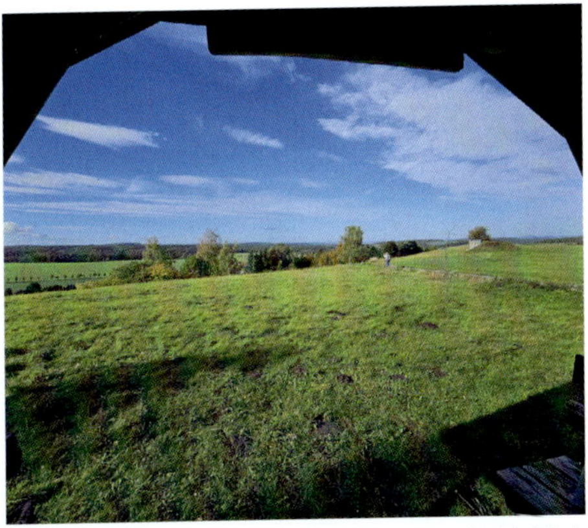

*Abwechslung am Heideblick*

Vom Heideblick aus haben Sie die Möglichkeit, in rund 1,6 km nach Rosenthal zu kommen. Dazu müssen Sie nur dem Friedensweg herab folgen, der in die Königsteiner Straße übergeht.

Wissenswert ist jedoch, dass es sich um einen lang gestreckten Ort handelt, sodass bestimmte Infrastrukturen weiter entfernt liegen (etwa die Ferienwohnung Am Schleifersberg).

## Rosenthal

**Pension Erbgericht Rosenthal**, Kirchgasse 2, 01824 Rosenthal, 03 50 33/769 19, erbgericht-rosenthal@gmx.de, www.erbgericht-rosenthal.de, ÜF EZ € 66, DZ € 86, MBZ ab € 104, Bezahlung nur mit Bargeld, Reservierung nach telefonischer Absprache und nur am Wochenende

♦ **Ferienwohnung Am Schleifersberg,** Am Schleifersberg 3, 01824 Rosenthal, 01 72/740 06 38, freia.arnold@gmx.de, www.schleifersberg.de, Ü EZ/DZ € 90, MBZ € 110, offizieller Forststeigpartner

**Einkaufszentrum Rosenthal**, Königsteiner Straße 63, 01824 Rosenthal, Mo-Fr 8:30-13:00 & 14:30-17:30, vom Namen nicht täuschen lassen: Es ist ein kleiner Lebensmittelmarkt.

Bus nach Pirna (hier ), Königstein (hier ) und Sněžník

Nicht an der breiten Wegekreuzung direkt am Heideblick, sondern 150 m weiter biegen Sie rechts in den Laubwald ein und halten sich 180 m weiter links. Der Gang entlang des Nadelwaldes wird etwas finsterer. Dem Verlauf des Weges folgen Sie, bis sich der Weg gabelt und Sie links weiterwandern. Nach 130 m zweigt der Forststeig rechts ab.

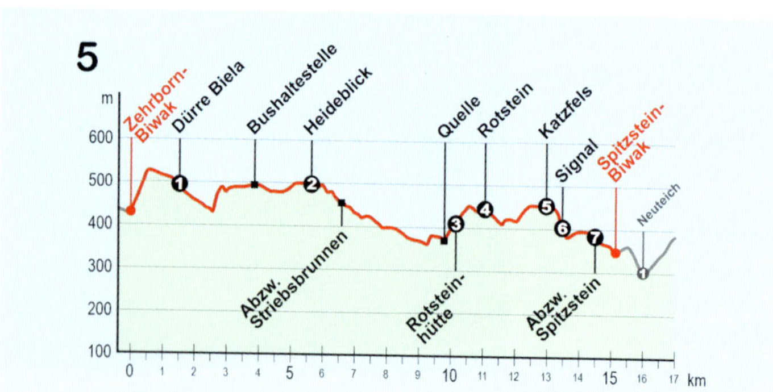

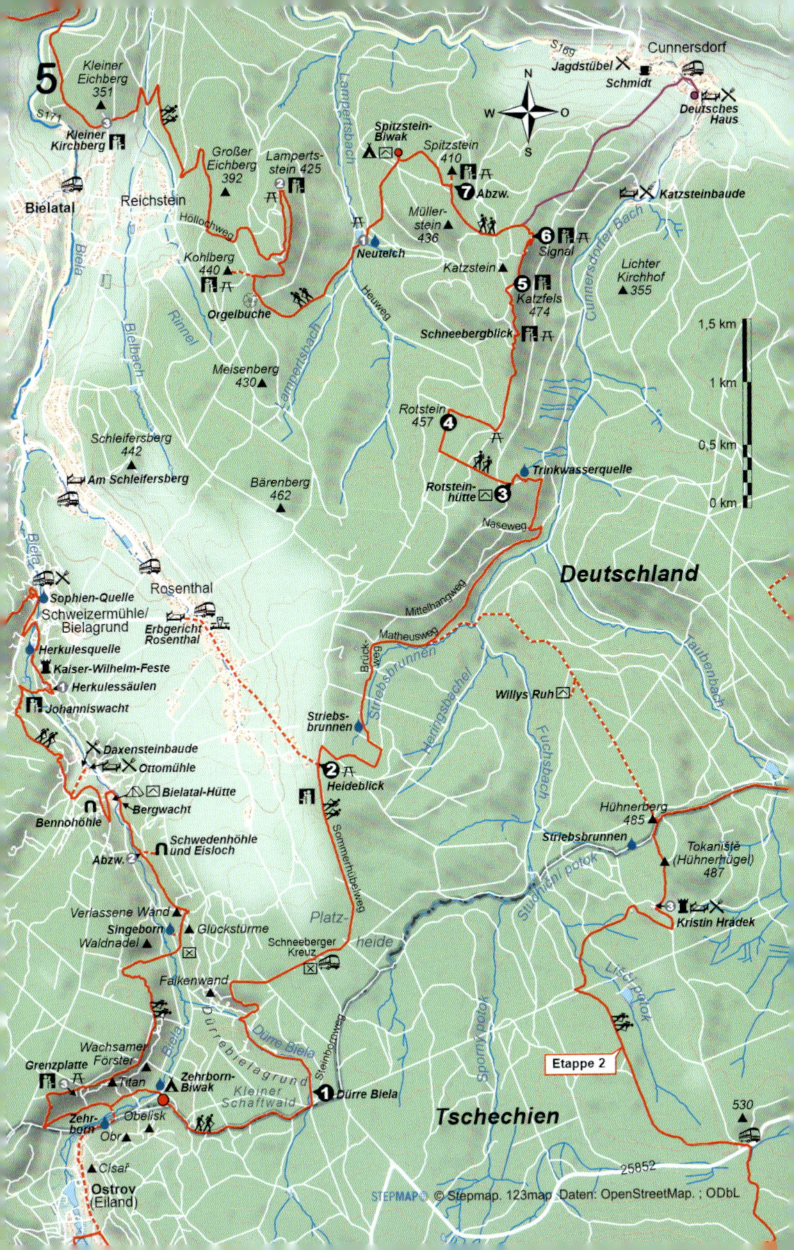
5
Kleiner Eichberg 351
Kleiner Kirchberg
Bielatal
Reichstein
Großer Eichberg 392
Lampertsstein 425
Lampertsbach
Spitzstein-Biwak
Spitzstein 410
Cunnersdorf
Jagdstübel
Schmidt
Deutsches Haus
Katzsteinbaude
Höllochweg
Kohlberg 440
Orgelbuche
Neuteich
Müllerstein 436
Abzw.
Signal
Katzstein
Katzfels 474
Lichter Kirchhof 355
Cunnersdorfer Bach
Heuweg
Schneebergblick
Biela
Bielbach
Rinnel
Meisenberg 430
Rotstein 457
Trinkwasserquelle
Rotsteinhütte
Naseweg
Schleifersberg 442
Am Schleifersberg
Bärenberg 462
Deutschland
Rosenthal
Sophien-Quelle
Schweizermühle/ Bielagrund
Erbgericht Rosenthal
Mittelhangweg
Matheusweg
Brückweg
Striebsbrunnen
Heringsbachel
Herkulesquelle
Kaiser-Wilhelm-Feste
Herkulessäulen
Johanniswacht
Willys Ruh
Taubenbach
Fuchsbach
Daxensteinbaude
Ottomühle
Heideblick
Bielatal-Hütte
Bergwacht
Bennohöhle
Schwedenhöhle und Eisloch
Abzw.
Sommerhübelweg
Hühnerberg 485
Striebsbrunnen
Tokaniště (Hühnerhügel) 487
Studniční potok
Kristin Hrádek
Verlassene Wand
Singeborn
Glückstürme
Waldnadel
Platzheide
Schneeberger Kreuz
Falkenwand
Dürrebielagrund
Dürre Biela
Steinbornweg
Listí potok
Sporný potok
Wachsamer Förster
Grenzplatte
Titan
Zehrborn-Biwak
Kleiner Schaftwald
Dürre Biela
Etappe 2
Zehrborn
Obelisk
Obr
Tschechien
530
Císař
Ostrov (Eiland)
25852
1,5 km
1 km
0,5 km
0 km
N
W
O
S
S169
S171
STEPMAP © Stepmap. 123map Daten: OpenStreetMap. ; ODbL

➪ Geradeaus an dem Hochsitz vorbei plätschert das Wasser aus dem 💧 **Striebsbrunnen** herab. Der Weg zur Quelle ist etwas unwegsam. Daher schöpfen Sie das Wasser einfach an der Stelle geradeaus, denn spätestens mit einem Filter ist es genießbar. Da der Wasserlauf recht flachgründig ist, lassen sich die Flaschen aber nur mit Technik füllen.

Folgen Sie dem Weg dann rund 800 m, bis Sie zu einer asphaltierten Straße, dem **Matheusweg**, kommen, die mitten durch den Wald führt. Der Straße folgen Sie dann für 410 m nach rechts herab ins Tal.

➪ Bei km 7,8 findet sich ein 1,7 km langer Zubringer zur Trekkinghütte Willys Ruh. Dazu folgen Sie dem Matheusweg, dieser wird bald vom Fuchsbachweg gekreuzt und geht in den Unteren Hühnerbergweg über. 85 m nach dieser Kreuzung wandern Sie rechts und an der nächsten T-Kreuzung erneut rechts. Von nun sind es noch 980 m bis zur Trekkinghütte (☞ S. 56).

Den Matheusweg verlassend wandern Sie parallel auf einem kleinen Höhenweg weiter. Den Fuchsbach hören Sie die gesamte Zeit unten im immer tiefer werdenden Tal dahinbrausen. Ein paar in der Sonne liegende Felsen laden nochmals kurz zur Rast, ehe Sie bei km 9,2 spitzwinkelig nach links oben wandern und sich direkt wieder rechts halten.

Ab hier beginnt der letzte, leicht steile Anstieg hoch zur Rotsteinhütte. Sie treffen auf eine von Borkenkäfern ausgeräumte Landschaft. Im dichten Unterholz ist es nicht unwahrscheinlich, Wildtiere anzutreffen. Nach 420 m zweigt links ein Wiesenpfad mit Wildschutzzäunen ab und führt Sie in 360 m zur ⌂ **Rotsteinhütte ❸**.

Rund 130 m vor der Rotsteinhütte befindet sich eine 💧 **Quelle**, die sogar vom Forststeig aus ausgeschildert ist. Da das Wasser aus einem Holzrohr läuft, ist es einfach, den Wasservorrat aufzufüllen.

✋ 💧 Nehmen Sie an dieser Stelle unbedingt reichlich Wasser mit! Das Wasser sollte für die Nacht reichen und, wenn möglich, für die halbe nachfolgende Tagesetappe. Zwar besteht am Zulauf des Neuteiches wenige Meter hinter dem Spitzstein-Biwak die Chance, das Wasser aufzufüllen, dort ist aber ein Filter unerlässlich.

Die Trekkinghütte liegt direkt am Forststeig und bietet aufgrund der Hanglage einen wunderbaren 🏞 Ausblick auf den Sonnenuntergang.

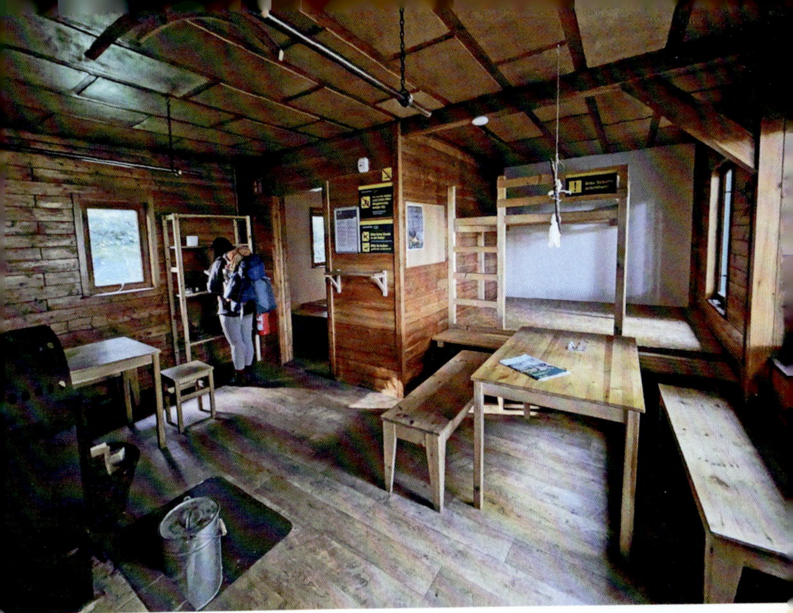

*Im gemütlichen Innenraum der Rotsteinhütte*

Die **Trekkinghütte Rotstein** am Hang des gleichnamigen Berges ist eine alte Jagdhütte und bietet Platz für zwölf Schlafplätze, zehn davon sind direkt im Aufenthaltsraum mit Ofen und zwei weitere befinden sich in einem kleinen Nebenraum. Im Außenbereich befinden sich Sitzgelegenheiten, Feuerholz, Brauchwasser sowie eine Komposttoilette. Besonders attraktiv ist die Hütte, da sie mit 2 Std. Gehzeit weit entfernt von den Ortschaften liegt.

Hinter der Trekkinghütte führt der Weg fast schnurgerade nach oben und an der T-Kreuzung nach rechts. Der **Rotsteinkegel** ❹ ragt als quaderförmige Formation gerade so aus dem Wald heraus, kann allerdings nur kletternd bestiegen werden. Hinter dem Kegel führt der Forststeig an der nächsten T-Kreuzung nach rechts. 530 m weiter laufen an einer Bank mehrere Wege zusammen. Sie wählen nicht den ersten, auffälligen, sondern halb links den kleinen Pfad. Dieser bringt Sie in ein exponiertes Felsenareal mit einem wunderschönen Aufstieg. Halten Sie nach gut 810 m die Augen offen, denn an dem steilen Pfädchen rechts sind Sie schnell vorbeigelaufen. Schade wäre es, führt es doch direkt zu einem tollen Aussichtspunkt mit Blick auf den Weg der vergangenen Wandertage. Auf den sogenannten **Schneebergblick** weist kurz vorher ein kleines

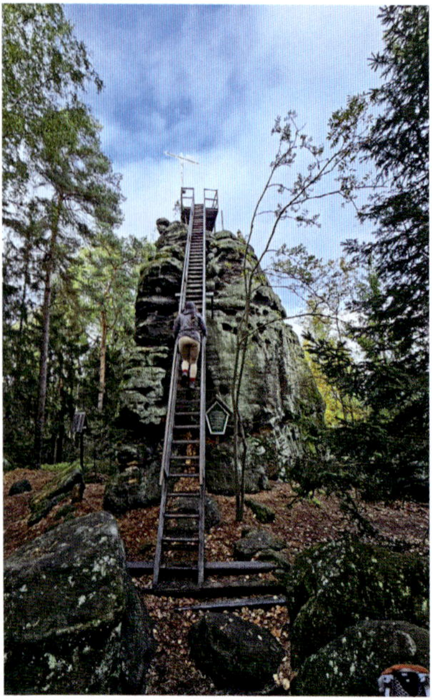

*Die lange steile Leiter zum Katzfels*

Holzschildchen hin. Wie der Name bereits preisgibt, finden Sie ganz rechts im Bild den imposanten Schneeberg, den Sie zum einen als Tafelberg an dem lang gestreckten Rücken und zum anderen an dem thronenden Turm erkennen können. Bleiben Sie nun für 420 m hier oben auf diesem Höhenzug. Dann müssen Sie erneut achtsam sein, denn ein weiteres Pfädchen führt Sie eine weitere Ebene hinauf. Wenig später sehen Sie den imposanten Felsen mit dem Namen **Katzfels ❺**. Eine steile, lange Eisenleiter bringt Sie oben auf die kleine Kanzel mit dem wunderbaren Rundumblick und einer metallenen Wetterfahne. Wagen Sie es, auf halben Weg schon den Blick nach rechts schweifen zu lassen, erkennen Sie eine steinerne Katzenfigur neben sich.

Der Name des Katzfels leitete sich von dem einst hier hohen Vorkommen an Wildkatzen ab. Die letzte Wildkatze wurde jedoch bereits im Jahr 1809 in diesem Gebiet erlegt. Allmählich breitet sich das scheue Wesen wieder aus.

Der Pfad führt zwischen den Felsen weiter nach Norden und drängt sich durch zwei eng stehende Wände. Am **Signal ❻**, 380 m weiter, bekommen Sie einen wunderbaren Blick auf die letzte Etappe: Vor Ihnen liegen der Gohrisch, Quirl und Papststein. Der Name des Berges rührt daher, dass sich am Signal einst ein Wachpunkt für Waldbrände befand. Am Signal scheint auch der Weg abrupt zu enden. Was zunächst nach Sackgasse ausschaut, ändert sich, wenn Sie vom metallenen Balkon des Signals zurückgehen. Ein gelber Anstrich sowie ein extra angebrachtes Holzschild am Felsen rechts vor dem Signal weisen Ihnen den Weg um den Fels herum, direkt am Hang entlang nach unten. Der Abstieg erfolgt über zwei gut zu begehende Eisentreppen sowie eine unwegsame, steile Erdtreppe.

Ein Hinweisschild weist Sie auf die charakteristische Wabenstruktur des Sandsteins hin. Dies ist auf den sogenannten Alaun zurückzuführen – ein bitteres Tonerdensalz, das verwittert und aus dem Gestein ausgewaschen wird.

Unterhalb des Signals wurde der letzte Wilderer im Jahr 1887 getötet. Die Tafel trägt die traurige Inschrift: „In dunkler Nacht auf finsteren Wegen, eilte ich meinem Tod entgegen. Es ließ mir weder Ruh noch Rast, bis mich das Schicksal hat erfasst. Daheim Ihr meine Lieben, wußtet nicht wo ich geblieben, suchtet mich vergebens."

An der nächsten T-Kreuzung halten Sie sich links und nach dem fantasievollen Holzschild mit dem eingeschnitzten Zwerg und der Wegweisung nach Cunnersdorf (➲ 1,9 km, BANK) führt Sie der Forststeig halb rechts herab.

Bei km 14,4 besteht die Möglichkeit, einen Abstecher zum 120 m entfernten **Spitzsteinfelsen ❼** zu machen. Der Aufstieg ist über zwei moderat steile Eisentreppen gut machbar. Vom aufsitzenden Felsen können Sie sich einen Eindruck über die letzte Etappe mit dem Quirl machen. Zudem lädt der Gipfel zu einer Rast ein. Wer auf romantische Sonnenuntergänge steht, kann nach dem Aufschlagen des Zeltes auf dem darunterliegenden Biwakplatz wieder hinaufsteigen.

Folgen Sie nun der ausladenden Nordkurve und schon sind Sie in 540 m an der Wegekreuzung mit dem ausgeschilderten Abzweig zum Spitzstein-Biwak.

Am **Spitzstein-Biwak** befindet sich neben fünf Plätzen für Zweipersonenzelte auch eine Schutzhütte mit scheibenlosen Fenstern, die weitere Übernachtungsplätze im Trockenen bereithält. Im Außenbereich finden sich zwei Sitzgruppen, eine Komposttoilette sowie ausreichend Brauchwasser.

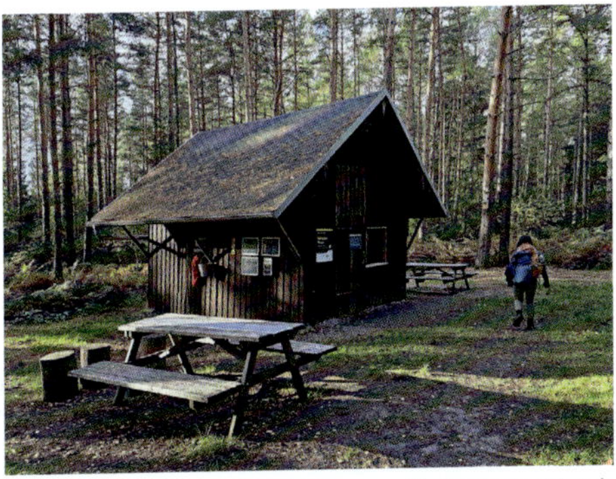

*Wetterschutzhütte am Spitzstein-Biwak*

# 6. Etappe: Vom Spitzstein-Biwak zum Quirl-Biwak

22,9 km, 7 Std., ↑ 819 m, ↓ 923 m, ⇧ 180-433 m

| | | |
|---|---|---|
| 0,0 km | ⇧ 350 m | Spitzstein-Biwak |
| 0,8 km | ⇧ 302 m | Neuteich |
| 3,5 km | ⇧ 412 m | Lampertsstein |
| 11,5 km | ⇧ 398 m | Felsenlabyrinth Langenhennersdorf |
| 13,1 km | ⇧ 339 m | Waldbühne Leupoldishain ⌘ |
| 13,4 km | ⇧ 341 m | Nikolsdorf-Biwak/Trinkwasser |
| 17,4 km | ⇧ 180 m | Bushaltestelle |
| 17,8 km | ⇧ 241 m | Quirl-Biwak |
| 21,6 km | ⇧ 336 m | Quirl |
| 22,9 km | ⇧ 241 m | Quirl-Biwak |

*Heute erwartet Sie ein Wandertag, der gemütlich inmitten des vogelreichen Waldes startet. Der Weg mäandert in ausgedehnten Serpentinen und offenbart abwechslungsreiche Blicke über Bergwiesen und authentische Dorflandschaften, verliert dabei aber nie den Fokus auf die Einsamkeit. Merklich gewinnt auch die Biela allmählich an Größe und wächst zu einem reißenden Fluss an. Höhepunkt findet der Wandertag im kleinen Felsenlabyrinth Langenhennersdorf, das sich als Abenteuerspielplatz erschließt und sowohl Kinder als auch Erwachsene in seinen Bann zieht. Vorbei an der Nikolsdorfer Wand bekommen Sie mit dem Quirl oberhalb des gleichnamigen Biwaks einen Vorgeschmack auf die drei kommenden Tafelberge der abschließenden Etappe.*

Am Morgen des vorletzten Tages genießen Sie noch einmal den Waldreichtum des Forststeiges. Ihre Wanderung startet am **Spitzstein-Biwak** und führt Sie zu Beginn über den Wurzelweg am nahe gelegenen **Neuteich** vorbei. Am **Zulauf des Neuteiches** ❶ kann der Wasservorrat aufgefüllt werden (nur mit Wasserfilter unbedenklich genießbar). Ein idyllisch gelegener Rastplatz befindet sich versteckt am anderen Ende des Neuteiches. Bis zum querenden Forstweg durchwaten Sie einen recht matschigen Abschnitt. Auf der gegenüberliegenden Hangseite führt der Forststeig über in den Boden eingelassene hölzerne Querstreben nach oben, wo Sie nach rund 980 m mit der Orgelbuche einen ausladenden Baumveteran erreichen. An der Wegespinne 140 m weiter bietet sich ein Abstecher zum westlich gelegenen **Kohlberg** an.

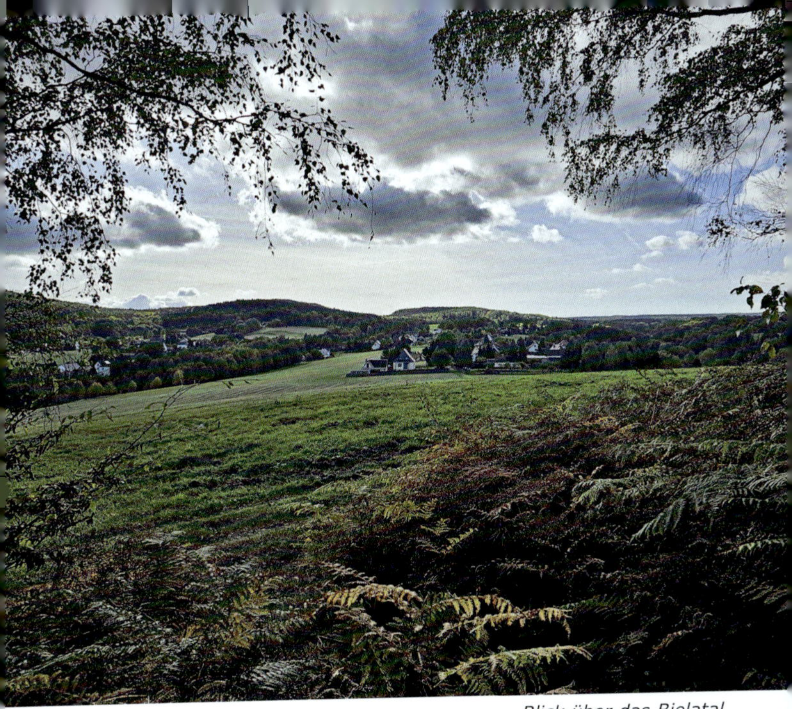

*Blick über das Bielatal*

Die Aussichtskanzel des 440 m hohen Kohlberges ist in 220 m erreicht. Unterhalb der Kanzel befindet sich eine Bank. Eine kurze Eisenleiter führt auf den Felsen.

Der Forststeig zweigt an dieser Wegespinne rechts weiter in Richtung des Lampertssteins ab. Der Aufstieg auf den Berg führt entlang der schönen Lampertsstein-Promenade, an deren Ende Sie eine kleine Leiter hinaufgeleitet. Die sagenhafte Aussicht des **Lampertssteins ❷** ist nur noch zwei kurze Brückenüberquerungen entfernt. Oben lädt eine gut positionierte Bank zum längeren Verweilen ein. Hinunter führt der Forststeig über einen kleinen Kammweg auf dem langen Rücken des Tafelberges. Rechts von Ihnen erhebt sich das Lampertshorn, das aufgrund seiner unzähligen Kletterrouten geschätzt wird. Am Ende des Tafelberges fällt der Weg steiler hinab, dennoch sind nur wenige Höhenmeter abzusteigen. Halten Sie sich dabei auf dem Weg und ignorieren Sie die beiden kleinen Pfade rechts.

Am Ende der Kurve wandern Sie am Wegedreieck rechts den **Höllochweg** herab. An dem Untergrund treten seitlich gelegte Steine zutage, die auf die ehemalige militärische Nutzung der Spur hinweisen. Eine höllische Steigung erwartet Sie jedoch nicht und 270 m weiter biegen Sie an der kleinen Wegekreuzung nach rechts ab.

Nun wandern Sie für 970 m auf dem Weg durch den Forstmischwald. Der Weg formt dabei eine Klammer, die Sie tiefer ins Tal führt. An der **Cunnersdorfer Straße** zweigen Sie spitzwinkelig nach rechts ab und marschieren alsbald über den kleineren Pfad links runter. Nach einer herabführenden Serpentine passieren Sie zunächst den Bielbach, der hier unter Ihren Füßen vorbeirauscht, und schließlich erneut eine ausgebaute Straße, die zu einem Wanderparkplatz führt. Es folgt eine aufsteigende Serpentine, wandern Sie am oberen Ende der ausgedehnten Wiesenfläche entlang. Die Aussicht vom Kleinen Kirchberg **unterhalb des Kleinen Eichberges ❸** reicht dabei ins idyllische Bielatal und endet am bewaldeten Schleifersberg, jenem Berg, der die überdachte Sophien-Quelle beschattet. An einer Bank vorbei führt Sie der Forststeig weg von den Wiesen und zurück in den Wald. An einer Gabelung bleiben Sie auf dem linken Weg und sind 420 m weiter am **Straßenübergang der S171**. Die Biela, die Sie nun passieren, hat bereits eine stattliche Größe angenommen.

Von der Biela aus geht es nun andauernd nach oben. An der ersten Möglichkeit biegen Sie nach links ab und schon bald geht der breite Weg in kleinere Pfade über. Ein wenig Aufmerksamkeit ist nun gefragt, da immer mal kleinere Gabelungen dazu locken, die falsche Fährte zu wählen. Ehe am südlichsten Zipfel ein Weg

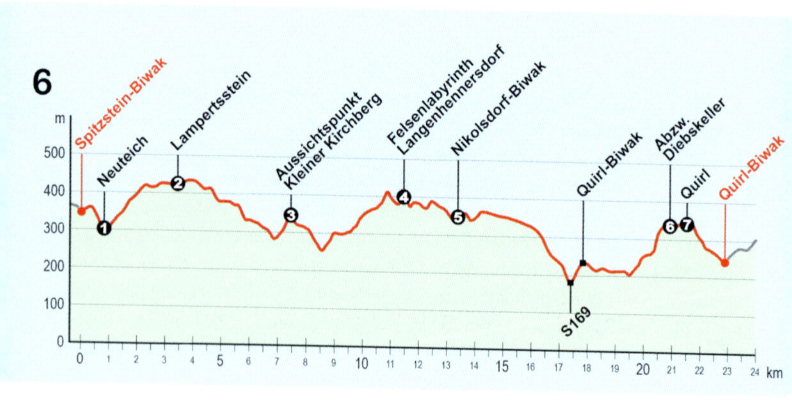

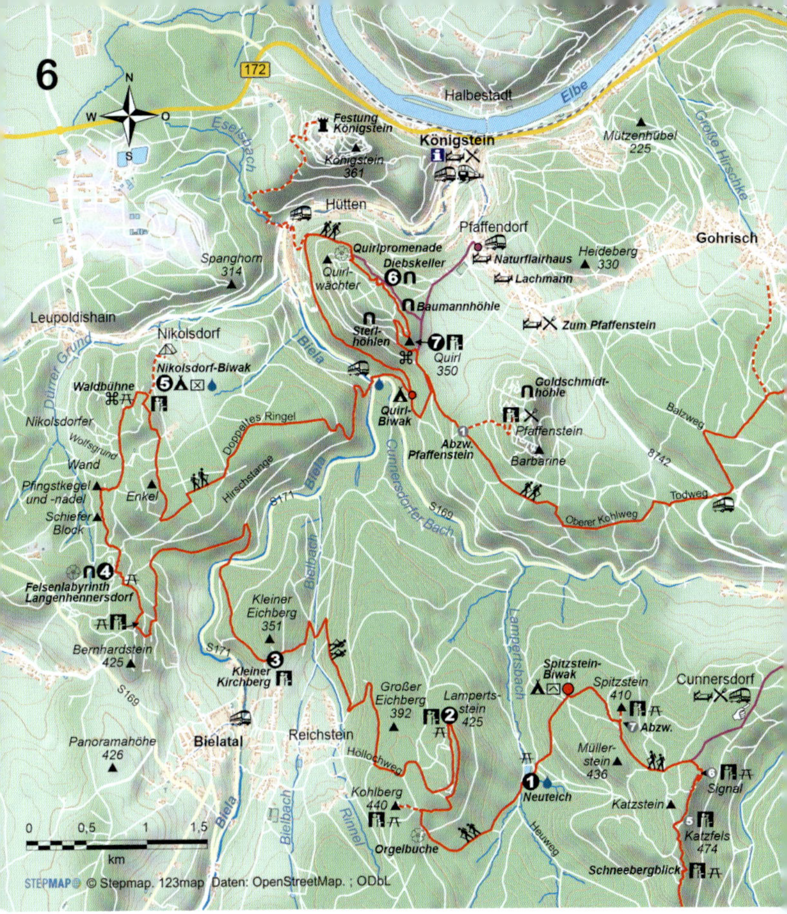


vor Ihnen recht steil ins Tal führt, biegen Sie wieder im scharfen Winkel rechts ab, woraufhin Sie einen kurzen, aber recht steilen Aufstieg vor sich haben. In der kleinen Felslandschaft des **Bernhardsteins** können Sie sich kaum verlaufen, müssen jedoch etwas zwischen dem Gestein herumkraxeln. Rechts von Ihnen befindet sich eine Kanzel am Bernhardstein, die einen Panoramablick in die Landschaft bereithält. Zum Baldachin und der Gedenktafel zur Gründung des Gebirgsvereins Sektion Schweizermühle führen ein paar Stufen hinab. Der etwas versteckte Ort mit der Bank und dem überhängenden Felsen bietet etwas Ruhe, bevor es in das trubelige Felsenlabyrinth Langenhennersdorf geht. Über eine kurze Eisenleiter steigen Sie herab und erreichen nach 370 m einen Forstweg. Halten Sie sich auf dem rechten, breiten Weg und passieren Sie die ⛩ überdachte Bank.

Der Weg führt Sie nun den bewaldeten Hang hinauf. Dabei laufen Sie querfeldein auf das ❀ ∩ **Felsenlabyrinth ❹** zu. Den Verlauf dorthin müssen Sie sich jedoch etwas eigenständiger zwischen den Bäumen hindurch bahnen. Am besten wandern Sie dabei in nordwestliche Richtung auf den gut sichtbaren, größeren Felsen zu. Der Forststeig führt an der nördlichen Ecke des Labyrinths weiter.

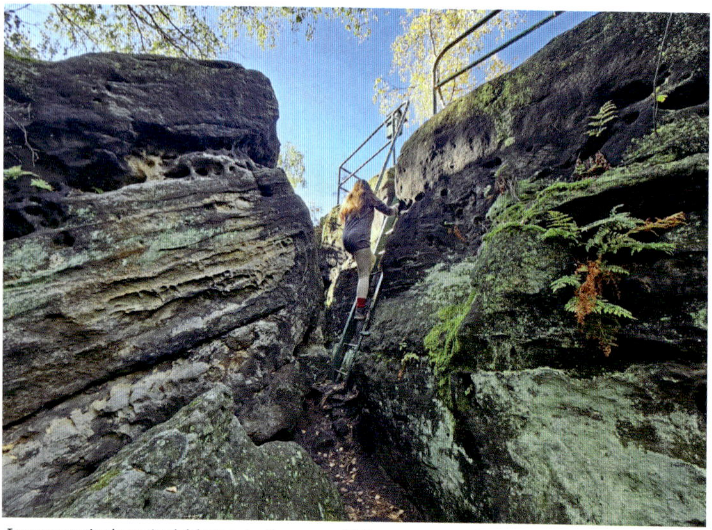

*Immer wieder sind kleine Leitern an Felsen versteckt*

↳ Der Forststeig tangiert das recht kompakte ❀ **Felsenlabyrinth Langenhennersdorf** lediglich. Sie sollten es sich jedoch nicht entgehen lassen, wenigstens eine kleine Runde durch den natürlichen Abenteuerspielplatz zu machen. Für eine kurze Klettertour benötigen Sie ungefähr 20 Min. mehr Zeit. Zwar sind mehrere Routen ausgeschildert, viele Wege kommen aufgrund Ihres Rucksacks aber kaum infrage. Bereits bei den breiteren Spalten müssen Sie Ihr Gepäck abnehmen. Zudem kann kaum die Rede von einem Hindurchlaufen sein. Das Gebiet weist zahlreiche Spalten, Klüfte, Aushöhlungen, Übertritte und Tunnel auf. Dabei geht es in den Bück-Dich-Weg, in die überdachte Gasse, in den Trümmerkessel oder vorbei am Morschen Pfeiler. Bahnen Sie sich einfach eigenständig eine Route über, unter oder zwischen den Felsen hindurch. Die vielen Wege lassen sich an jeder Ecke neu entsprechend der eigenen Trittsicherheit und den eigenen Kletterkenntnissen anpassen. Viel falsch machen oder verpassen können Sie kaum. An Wochenenden oder Feiertagen ist es zum Teil recht voll. Viele Kinder nutzen das Areal zum ausgelassenen Turnen und Versteckspielen.

120 m nach dem Felsenlabyrinth quert ein breiter Forstweg Ihren Weg und Sie wandern auf dem mittleren Weg geradewegs in das Felsengebiet der **Nikolsdorfer Wand**. Die Markierung führt Sie unterhalb der Wand entlang vorbei am Schiefen Block und erst bei der **Pfingstnadel** und dem **Pfingstkegel** verläuft der Weg nach oben. Sie kommen an einem Wegekreuz raus und biegen nach links ab. Die anstehenden 630 m sind einfach zu gehen. Ein recht ebener Weg ohne nennenswertes Gefälle führt geradeaus. Dabei erhaschen Sie rechts einen Blick auf eine Lichtung in einem kleinen Kessel. Unterhalb des auf der Wiese liegenden Gesteins, der abgebrochenen Wand, befindet sich eine kleine Höhle. Da diese weiter kaum von Interesse ist, folgen Sie dem Weg, bis Sie bei km 13,1 nach rechts in einen kleinen Pfad abbiegen. Dieser führt zwischen zwei Felswänden in eine kleine Schlucht hinab. Auf einer Lichtung stehen reihenweise Bänke vor einem Podest. Was zunächst nach einem Waldgottesdienst aussieht, ist die ⌘ ⩚ **Waldbühne Leupoldishain**.

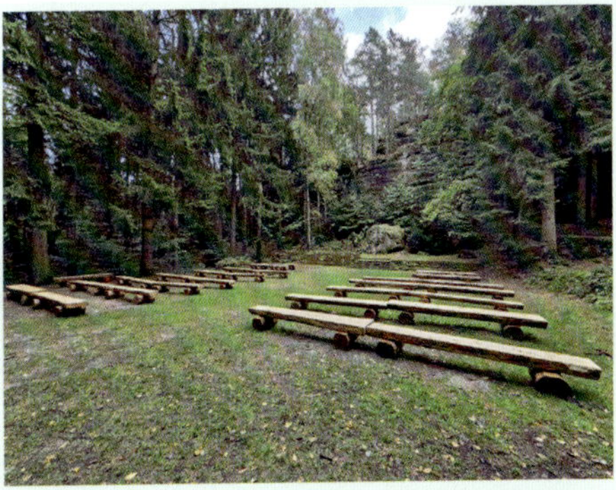

*Waldbühne Leupoldishain*

Die Waldbühne Leupoldishain in Bärs Grund hat eine bewegte Geschichte. Mitte des vergangenen Jahrhunderts sollten die vielen Besuchenden des Ortes Leupoldishain auch kulturelle Angebote wahrnehmen können. Schnell entstand die Idee eines Waldtheaters, an dessen Bau beinahe alle Einwohnerinnen und Einwohner des kleinen Ortes tatkräftig mitwirkten. Stattliche 1.200 Plätze fasste das Theater mit der hervorragenden Akustik, wo auch renommierte Kunstschaffende auftraten. Doch wenige Jahre später kam das Theater aufgrund des Uranabbaus zum Erliegen. Die Gefahr war zu groß, dass umliegende Felsen herabstürzen würden. Die Bühne wurde bis auf wenige Plätze zurückgebaut und erst im Jahr 2011 auf Initiative der Feuerwehr und des Heimatvereins wiederbelebt.

Halten Sie sich 90 m nach der Waldbühne rechts und wandern Sie über den schmalen Pfad direkt auf einen gepflasterten Straßenzug.

↳ Von dort aus finden Sie nach links gehend am unteren Ende der Straße das ⛺ ⛩ 💧 ☒ **Nikolsdorf-Biwak ❺**.

⛺ Das **Nikolsdorf-Biwak** befindet sich auf dem Gelände des Walderlebniszentrums und bietet Platz für fünf Zweipersonenzelte. Auf der Fläche finden Sie eine ⛩ überdachte Sitzmöglichkeit, eine Komposttoilette, eine einfache ☒ Wetterschutzhütte sowie einen 💧 **Trinkwasserhahn**. Da in der Nähe das ⌘ Walderlebniszentrum ist, ist Rücksicht auf mögliche Veranstaltungen geboten. Bei der Recherche im Jahr 2023 befand sich das Walderlebniszentrum gerade noch im Bau.

↳ Sollte das Nikolsdorf-Biwak besetzt sein, besteht Anschluss an den nahe gelegenen ⛺ Campingplatz Nikolsdorfer Berg. Dafür müssen Sie der Straße rund 400 m in nördliche Richtung folgen.

⛺ **Campingplatz Nikolsdorfer Berg**, Nikolsdorfer Berg 7, 01824 Königstein,
☎ 03 50 21/991 44, ✉ camping-dresden@t-online.de,
💻 www.cbm-camping.de/nikolsdorfer-berg, Ü im Zelt ab € 14,50,
🚪 Anreise 15:00-18:00

✋ Am Nikolsdorf-Biwak sollte zwingend der gesamte 💧 Wasservorrat aufgefüllt werden! Dieser sollte für die Nacht sowie für die halbe letzte Wanderetappe genügen.

Bis zum Etappenende am Quirl-Biwak ist der Weg von nun an einfach zu laufen.

Wandern Sie die gepflasterte Straße nach rechts hinauf. Nach 80 m biegen Sie links in die lose, getrampelte Spur ein. Orientieren können Sie sich an der Aussicht über den Felsen. Folgen Sie für 370 m den Markierungen durch das zerklüftete Felsenareal, bis Sie wieder zu einer betonierten Straße gelangen. Diese

Straße führte früher zum Uranabbaugebiet. Queren Sie die Straße und wandern Sie gegenüber auf dem Waldweg weiter. Am **Enkel** vorbei gelangen Sie bald wieder auf eine betonierte Straße, halten sich dort links und anschließend wieder links und biegen kurz danach wieder rechts in einen Waldweg ein. Nach 320 m müssen Sie dem diagonalen Weg folgen, da der Weg geradeaus bald in einer Sackgasse endet. Ihr Weg mündet in einen breiten Forstweg, dessen Verlauf Sie nach rechts folgen. Nun wandern Sie eine lange Gerade entlang und können am Horizont den monumental aufragenden Pfaffenstein ausmachen. Den Tafelberg werden Sie auf dem Forststeig nur von Weitem zu Gesicht bekommen. Ein Abstecher auf der letzten Etappe ist zwar gut möglich und mit der populären, frei stehenden Barbarine auch attraktiv, jedoch zeitaufwändig. Wenn Sie auf dieser Geraden einmal auf die Vegetation achten, erkennen Sie erst einen dichten Fichtenwald, trennscharf abgegrenzt von einem Birkenwaldstreifen, der wiederum trennscharf von einer Wiese und einem akkuraten Kiefernwald abgetrennt ist. Forstplantagen in Reinform!

Nach 600 m geht es 220 Höhenmeter herab zur **Biela**.

Die Serpentinen sind entsprechend steil.

Ihr Weg mündet zuerst in einer Forststraße mit dem Namen Hirschstange. Nach der Linkskurve heißt es aufpassen, da die bequem zu gehende **Hirschstange** dazu einlädt, ihr weiter zu folgen. Der Forststeig zweigt jedoch rechts in einen kleinen Laubgang ab. Schnell wechselt der Boden zu Erduntergrund, der bei nassem Wetter recht rutschig werden kann. Halten Sie sich an der T-Kreuzung links und wandern Sie bei der nächsten Möglichkeit rechts hinab zur **Biela**. Den Fluss sowie den **Cunnersdorfer Bach**, der hier in die Biela mündet, passieren Sie über die betonierte Brücke.

Haben Sie Ihren Wasservorrat am Biwak Nikolsdorf nicht aufgefüllt, ist hier vorerst Ihre letzte Chance. Jedoch sollte das Wasser der Biela und des Cunnersdorfer Baches besser mit einem Wasserfilter aufbereitet werden. Die nächste Möglichkeit zum Auffüllen des Wassers besteht erst in der Berggaststätte Papststein bei km 6,3 der letzten Etappe.

Sie wandern nur ein paar Meter an der **Staatsstraße 171** entlang und folgen dann der gelben Markierung kurz vor der Bushaltestelle (Bus nach Königstein und Rosenthal) rechts auf einen steil aufsteigenden Pfad. Auf dem Endspurt wird es nochmals etwas steiler, aber nach 420 m haben Sie es schon geschafft.

Das **Quirl-Biwak** liegt wunderschön im Hang unter hohen Fichten. Es sind einige Plätze planiert, sodass fünf Zelte eben aufgestellt werden können. Die gesamte Nacht über hören Sie das Rauschen der Biela unten in der Talsohle. Der Straßenverkehr nimmt abends ab – nachts ist kaum mehr davon zu hören. Weiter gibt es einen überdachten und einen nicht überdachten Sitzplatz und eine Komposttoilette. Bei der Recherche im Jahr 2023 war eine Schutzhütte mit weiteren Übernachtungsplätzen in Kooperation mit der Universität Dresden in Planung. Es ist gut möglich, dass diese bei Erscheinen des Wanderführers bereits aufgestellt wurde. Informieren können Sie sich auf www.forststeig.de.

☺ Im Folgenden wird der Quirl bereits mitbeschrieben. Den Tafelberg heute schon zu besteigen, bringt diverse Vorteile mit sich. Zum einen können Sie das meiste Gepäck am Biwak lassen, sobald Sie Ihr Zelt aufgeschlagen haben. Zum anderen war die heutige Etappe nicht sonderlich fordernd und Sie haben morgen die Möglichkeit, nach einer kürzeren Etappe wieder die Heimreise anzutreten. Sollten Sie ohnehin am Ende des morgigen Tages in Bad Schandau übernachten, können Sie den Quirl auch auf morgen verschieben. So oder so macht der Weg auf den Quirl vom Biwak eine Schlaufe, sodass Sie nach dem Abstieg nach 220 m wieder zum Biwak zurückwandern können. Entscheiden Sie selbst!

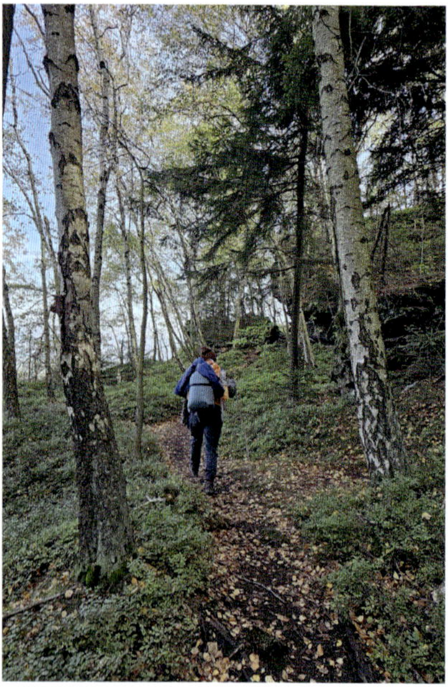

*Hoch zum Quirl*

Vom Biwak führt ein leicht ansteigender Forstweg in Richtung Norden. Der Weg geleitet Sie einmal um den Sockel des Tafelberges herum. Der schöne Hochwaldsteig beginnt hinter dem **Quirlwächter** für Sie nach 1,7 km. Dann nämlich folgt der Aufstieg über einen nadelübersäten, felsendurchsetzten, steilen Steig zum Rücken des Tafelberges.

Vor dem Aufstieg besteht die beste Möglichkeit, die rund 2,2 km entfernte **Festung Königstein** zu besichtigen. Für die Besichtigung benötigen Sie mindestens 2 Std. 30 Min. Sie ist definitiv lohnenswert. Dazu zweigen Sie bei km 19,5 spitzwinkelig nach hinten links ab. Nach 130 m halten Sie sich rechts auf den abknickenden Weg. An der T-Kreuzung wandern Sie rechts auf dem Unteren Kohlweg weiter zum Ort Hütten. Statt runter auf die Durchgangsstraße zu gehen, halten Sie sich nach knapp 150 m links und bei nächster Gelegenheit rechts. Dort führt Sie eine Brücke über die Biela. Auf der Bielatalstraße geht es rechts, dann wandern Sie bei der nächsten Möglichkeit links in die Leupoldishainer Straße, umkurven den Parkplatz und steigen rechts den Eselsgrund hinauf. Nachdem Sie den Eselsbach passiert haben, führt der Weg kurz im Zickzack weiter, ehe Sie nach links auf den Eselsweg abbiegen. Halten Sie diesen Kurs für 220 m. Kurz vor dem Wasserhochbehälter führt ein erdiger Pfad rechts hinauf, der auch von Mountainbikerinnen und Mountainbikern genutzt wird. Nach 400 m wandern Sie links den Pfad weiter. Hinter der Ruine des Festungsfriedhofes wandern Sie erneut links. Nach 220 m führt Sie rechts eine Treppe hinauf, die Sie bis zum oberen Ende gehen müssen. Dort gehen Sie rechts den Pfad weiter. Dieser bringt Sie zum Parkplatz. Von dort aus ist der Weg zum Eingang der Festung gekennzeichnet.

Eine weitere Möglichkeit zur Besichtigung der Festung Königstein besteht nach Beendigung der Wanderung, da die S-Bahn von Bad Schandau nach Dresden auch Halt im Ort Königstein macht. Vom Bahnhof Königstein sind es ca. 1,5 km zur Festung. Alternativ nehmen Sie den Bus dorthin.

Bei km 20,4 quert die **Quirlpromenade** Ihren Weg. Diese gilt als einer der schönsten Hochwaldsteige des gesamten Mittelgebirges. Leider wurde sie nicht in den Forststeig integriert. Haben Sie noch Kraft und Muße, können Sie auf der Promenade den gesamten Sockel des Quirls umrunden. Der Weg ist 2,5 km lang und Sie benötigen rund 45 Min.

Zwar mag der Quirl mit seinen 350 m nicht sonderlich hoch sein, er ist mit der Dimension von 1 km Länge und 350 m Breite aber das größte zusammenhängende Gestein der gesamten Sächsischen Schweiz. Aufgrund hervorragender Bodenbedingungen und der topografischen Beschaffenheiten des Quirls wurde im 18. Jahrhundert sogar Ackerbau auf dem Tafelberg betrieben.

Hier am Quirl mag zwar Landwirtschaft betrieben worden sein, an vielen anderen Stellen in der Sächsischen Schweiz wurde aber Sandstein abgebaut.

Prominent sind vor allem die beiden Sandsteinsorten Posta und Cotta, die als Baumaterial etwa für die Frauenkirche, den Zwinger und den Hauptbahnhof in Dresden, das Brandenburger Tor in Berlin, das Stadtschloss in Potsdam oder das Schweriner Schloss verwendet wurden.

Gut 920 m wandern Sie auf einem abwechslungsreichen Pfad an den schroffen Klippen des Quirls entlang, ehe Sie am südlichen Zipfel die schönste Aussicht des Plateaus bekommen.

Um zum großen ∩ **Diebskeller ❻** zu gelangen, müssen Sie bei km 20,9 den kurzen, steilen Pfad herabsteigen und rechts dem schmalen Promenadenweg für 70 m folgen. Der Diebskeller ist die größte Schichtfugenhöhle der Sächsischen Schweiz. Die Größe des Innenraums beträgt satte 230 $m^2$. Der steinerne Tisch am Eingang ist aus dem Jahr 1755. Der Name lässt zwar auf eine Räuberbande schließen, diese soll aber im Jahr 1885 in den westlich des Quirls gelegenen ∩ Sterlhöhlen Unterschlupf gesucht haben. Spannend ist die Erkundung allemal, da die Höhle sich in mehrere geräumige Kammern gliedert.

Neben dem prominenten Diebskeller gibt es noch weitere Höhlen, die auf und an dem Quirl erkundet werden können: Die ∩ Baumannhöhle befindet sich 250 m in südöstlicher Richtung, die ∩ **Sterlhöhlen** befinden sich westlich des Quirls.

Für weitere Informationen lohnt sich der Blick in die Bücher „**Der Höhlenführer: Elbsandsteingebirge und angrenzende Gebiete**“ Band 1 (ISBN 978-3-937537-22-1) und Band 2 (ISBN 978-3-937537-23-8).

Von dem Aussichtspunkt an der südlichen **Klippe des Quirls ❼** haben Sie die gesamte morgige Etappe im Blick. Wie an einer Perlenkette aufgereiht sehen Sie den Pfaffenstein, den Gohrisch und den etwas versteckten Papststein. Ganz allgemein ist es eine schöne Aussicht, um allmählich Abschied vom Forststeig Elbsandstein zu nehmen, denn Sie können fast alle bereits erwanderten Bereiche von hier aus ausmachen.

Von dem Felsvorsprung führt Sie eine Haarnadelkurve vorbei am Dreikanter und 160 m danach geht es über einen weiteren steilen Pfad wieder hinab vom Quirl. Unten wandern Sie für 180 m entlang der **Quirlpromenade** und entdecken einen ⌘ **historischen Steintrog**. An der darauffolgenden Möglichkeit halten Sie sich spitzwinkelig nach rechts und an der Wegegabelung links. Nach 500 m führt Sie rechts der breite Forstweg zurück zum Quirl-Biwak.

# 7. Etappe: Vom Quirl-Biwak nach Bad Schandau

*13,7 km, 4 Std. 30 Min., ↑ 509 m, ↓ 624 m, ⇧ 130-453 m*

| | | |
|---|---|---|
| 0,0 km | ⇧ 241 m | Quirl-Biwak |
| 1,2 km | ⇧ 271 m | Abzweig Pfaffenstein |
| 3,7 km | ⇧ 333 m | Bushaltestelle/K8742 |
| 5,4 km | ⇧ 452 m | Gohrisch |
| 6,3 km | ⇧ 429 m | Bergwirtschaft Papststein |
| 7,4 km | ⇧ 358 m | Lichterhöhle |
| 7,8 km | ⇧ 392 m | Kleinhennersdorfer Stein |
| 12,8 km | ⇧ 148 m | Friedrich-Gottlob-Keller-Straße |
| 13,7 km | ⇧ 130 m | Bad Schandau, Nationalparkbahnhof BANK |

*Ein Auf und Ab in schönster Steigmanier steht Ihnen bevor. Der Forststeig offenbart auf den letzten Kilometern sein volles Potenzial, sodass die Weitwanderung Ihnen eindrücklich in Erinnerung bleibt. Über einsame Pfade und durch eingekerbte Schluchtwälder wandern Sie auf drei aufeinanderfolgende Tafelberge, jeder mit einem einzigartigen Charakter. Den Auftakt macht der steile Gohrisch mit seinen felsigen Irrwegen und der Falkenschlucht und es geht hoch zur Steinkanzel. Schon steht der nächste Aufstieg auf den Papststein an. Oben bekommen Sie neben der wunderbaren Weitsicht auch Verköstigungen mit regionaler Küche. Ein heißer Kaffee vom Felsenbalkon erleichtert den anknüpfenden Abstieg. Den Abschluss macht der Kleinhennersdorfer Stein mit seinen Höhlen. Durch die steile, dennoch sehenswerte Schlucht folgt der lange Abstieg nach Bad Schandau.*

Sollten Sie auf der vorherigen Etappe noch nicht den Quirl besucht haben, folgen Sie der Beschreibung auf S. 100.

Nachdem Sie Ihr Zelt zusammengepackt haben, können Sie die unbeschilderte Abkürzung über den Forstweg am Südende des Biwaks nehmen. Dazu wandern Sie den Forstweg südlich des Biwaks 220 m entlang und gehen bei nächster Gelegenheit auf den Weg linker Hand. Dort begrüßt Sie auch schon die gelbe Markierung des Forststeiges. Generell ist der Anstieg bis zum Sockel des Gohrisch moderat. Auf recht ebenen Pfaden und Forstwegen können Sie sich bequem warmwandern. Nach 400 m biegen Sie spitzwinkelig nach hinten rechts in den kleinen Pfad ab. Nach 580 m gelangen Sie an eine Wegekreuzung. An dieser quert ein Weg Ihren, der zum **Pfaffenstein abzweigt ❶**. Halten Sie sich weiter geradeaus auf dem kleinen Waldpfad.

An dieser Wegekreuzung haben Sie die Möglichkeit, hoch zum vielfältig strukturierten Naturschutzgebiet **Pfaffenstein** und zur Barbarine zu wandern. Sie erreichen den Sockel in 600 m. Der „bequeme Weg" sowie der beliebte Klammweg befinden sich im Westen des Tafelberges. Um zur Barbarine zu gelangen, halten Sie sich beim Aufstieg zweimal rechts. Das fotogene Wahrzeichen wurde aufgrund von Erosion im Jahr 1975 für Kletternde gesperrt und ist inzwischen mit Beton abgestützt. Die Barbarine soll der Sage nach eine versteinerte Jungfrau sein, daher rührt auch der ehemalige Name Jungfernstein. Der Pfaffenstein ist touristisch gut erschlossen, neben einem Aussichtsturm finden Sie auch die Berggaststätte Pfaffenstein vor.

Für den Hin- und Rückweg sowie die Besichtigung des Tafelberges benötigen Sie mindestens 1 Std.

**Berggaststätte Pfaffenstein**, Fels Pfaffenstein 1, 01824 Königstein,
03 50 21/594 10, mail@pfaffenstein.com, www.pfaffenstein.com,
April-Okt Mi-So 11:00-17:00

Der Weg schlängelt sich im Folgenden durch den Wald und über diverse Wege hinweg, die den Forststeig kreuzen. Nach 520 m quert ein erster Weg den Ihren.

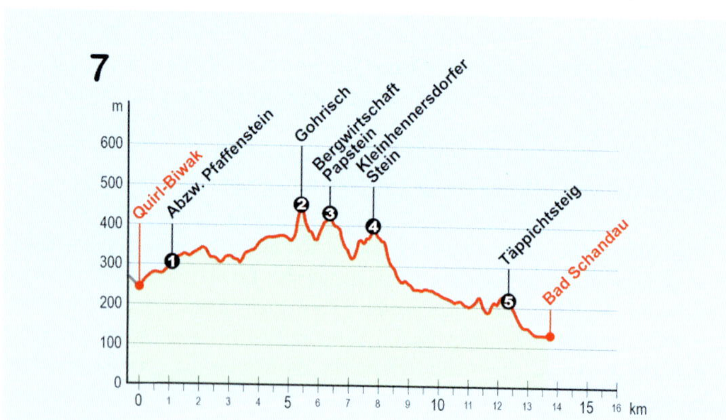

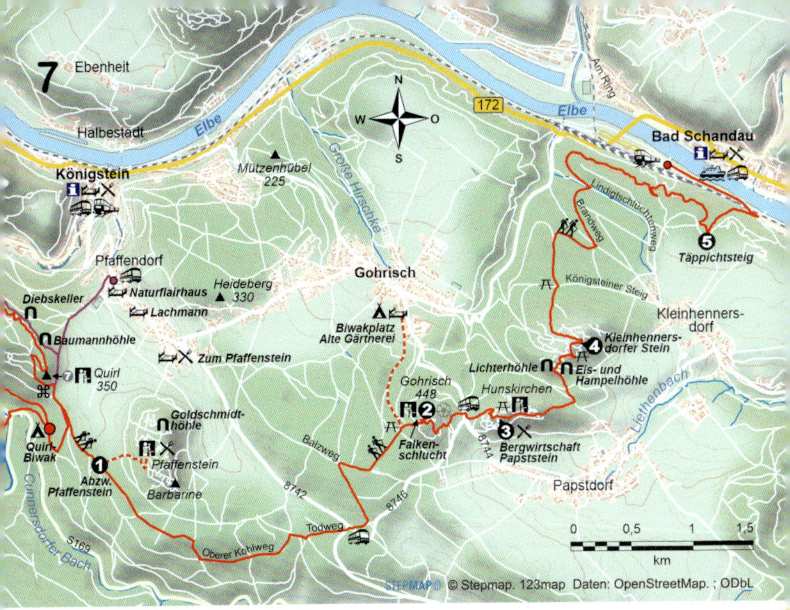


530 m weiter gelangen Sie an eine T-Kreuzung, an der Sie den breiten Weg rechts herabwandern. Rund 180 m weiter folgen Sie einer Waldgasse wieder nach links. Auf den nächsten 860 m passieren Sie einen querenden Weg, ehe der Forststeig nach einer Kurve nach rechts abzweigt. An der nächsten Wegekreuzung geht es für Sie nach links. Wenig später gelangen Sie an die **Kreisstraße 8742**. Diagonal zum Straßendreieck liegt in Sichtweite eine Bushaltestelle (Bus nach Bad Schandau und Kleingießhübel), an der Sie wieder in den Wald wandern. An der Ecke fällt der ⌘ historische Wegweiser ins Auge. In diesen sind grobe Richtungen zu den drei Orten Papstdorf, Cunnersdorf und Königstein samt Zeitangaben eingraviert.

Passieren Sie die Informationstafel zum Forststeig und zweigen Sie an der nächsten Kreuzung links ab. Machen Sie nach der Rodungsfläche kehrt nach rechts und gehen Sie nachfolgend nach links. Beidseitig befindet sich ein ausgeräumter Bezirk, auf dem nur noch wenig gedeiht. Dafür bekommen Sie einen wunderbaren Blick auf den Anstieg, der Ihnen bevorsteht. Das eindrucksvolle Gohrischmassiv erstreckt sich direkt vor Ihnen rechter Hand.

Der Forststeig führt Sie 400 m geradeaus bis zu einer überdachten Sitzgruppe, an der sich der Weg gabelt. Sie erkennen an den Markierungen an den Bäumen, dass Sie nun mit dem Malerweg in prominenter Begleitung wandern.

Der **Biwak Alte Gärtnerei** ist von hier aus ausgeschildert und der Weg beträgt etwa 1 km bis dorthin.

**Biwakplatz Alte Gärtnerei**, Stiller Grund 2, 01824 Gohrisch, 01 52/23 44 75 50, katrinundkay@gmx.de, www.urlaub-gohrisch.de, Ü € 10 (auch via Trekkingticket) im Zelt oder im Matratzenlager, Ü Schäferwagen EZ/DZ € 24. Reserviert werden muss im Außenbereich nicht. Vorhanden sind Komposttoilette, Kaltwasserdusche sowie Trinkwasser. Offizieller Forststeigpartner

Geradeaus weiter ist rechts der Weg aufwärts über eine Treppe zu erkennen. Hier bietet sich die Qual der Wahl: Folgen Sie dem Forststeig rechts die steile, hölzerne Treppe hinauf oder folgen Sie dem Malerweg über den längeren, aber moderateren Anstieg. Beide Wege treffen auf einem Zwischenplateau weiter oben wieder zusammen und führen über die letzten Holzstufen zu einer weiteren Entscheidungsmöglichkeit. Der Berg wird allen Ansprüchen des Wanderns gerecht und gehört daher zu den schönsten Bergen der Sächsischen Schweiz. In einer historischen Broschüre wurde vor der sehr schweren Besteigung des Gohrisch gewarnt. Der Gohrisch, als einer der letzten wilden Berge, wurde erst im Jahr 1886 erschlossen und galt lange Zeit als gefährliches Felsenplateau.

In der Kurve ragen die gewaltigen Bruchwände aufrecht empor. Das **Flächennaturdenkmal Gohrisch** entfaltet eindrucksvoll mit der blanken Massivwand seine imposante Größe. Eine steinerne Bank, die dem Erschließer des Gohrisch gewidmet ist, lädt zu einer willkommenen Ruhe ein.

Wie es nun weiter geht, liegt in Ihrer Hand. Rechts von Ihnen führen steinerne Stufen an einem Treppengeländer nach oben. Obwohl der Weg ein „bequemer Aufstieg“ genannt wird, werden Sie auch hier aus der Puste kommen. Die letzten Höhenmeter führen über eine Eisenleiter hinauf.

Links der Bank geht es zu einem versteckten Weg aufwärts. Dafür müssen Sie zunächst im Kriechgang die eingestürzte Felswand unterqueren, umkurven wenig später einen herabgestürzten Felsen und nehmen die ausgetretenen Naturstufen zu dem schmalen Spalt. Sie befinden sich am Fuße der **Falkenschlucht**, einer schmalen, zwischen der Felswand klaffenden Spalte, die über mehrere Eisenleitern und Zwischenpodeste auf den Gipfel des Gohrisch führt. Testen Sie einmal, wie weit Sie mit Ihrem Gepäck kommen. Während kleinere Rucksäcke gute Chancen haben, die Falkenschlucht zu passieren, müssen Wandernde mit großem Rucksack den Aufstieg über die Treppe wählen. Technisch gesehen ist die Falkenschlucht einfach. Etwas Trittsicherheit und eine Stirnlampe genügen.

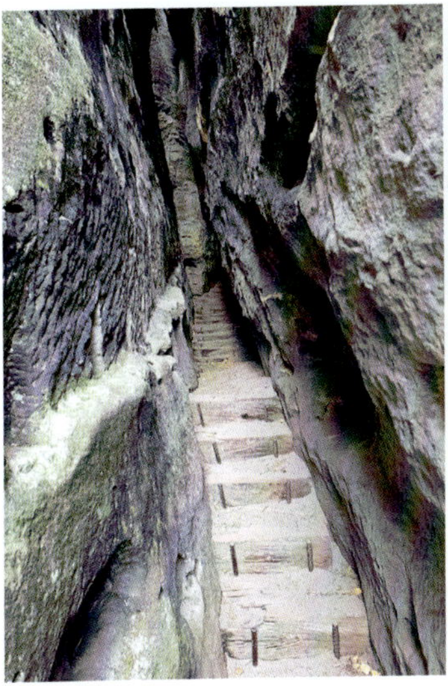

*Durch die Falkenschlucht zum Gohrisch*

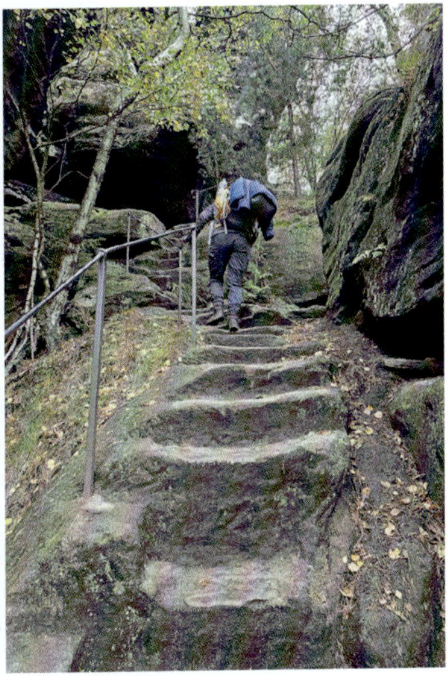

*Oder über den bequemen Aufstieg zum Gohrisch*

➪ Oben angekommen können Sie links einen kurzen Abstecher zum Ausblick mit der Wetterfahne machen.

Der Forststeig führt jedoch an das westliche Ende des **Gohrisch ❷**. Eine der schönsten Blickperspektiven der gesamten Weitwanderung ergibt sich am überdachten Pavillon an der Westklippe des Tafelberges (📷 ☞ S. 114-115). Sie sehen ein Wechselspiel aus Grünland, Wäldern und emporragenden Bergen. Im Hintergrund erkennen Sie schon die Klippen, die herab zur Elbe brechen.

Der Forststeig führt an dem Pavillon vorbei und knapp dahinter über eine feuchte Felsschlucht herab. Hier ist wieder ein wenig Konzentration beim Setzten der einzelnen Schritte gefragt. Einzelne, in die Felswände eingehängte Trittbügel im Wechselspiel mit Metallleitern und Zwischenpodesten führen runter zum Felsen Muselmann. Vor diesem halten Sie sich links und gehen geradewegs auf einen verwilderten Basaltbruch zu. Der hier im Jahr 1850 abgebaute Basalt wurde hauptsächlich für den Straßenbau verwendet. Rechts um den Basaltbruch herum führt Sie der Weg runter zum **Parkplatz**.

Rückblickend erkennen Sie auf halben Weg eine Einkerbung im Gelände mit einer geschlossenen Stahltür. Schlägel und Eisen sind Zeichen, dass es sich hierbei um einen alten Bergbaustollen handelt. Der Specksteinstollen hat seinen Namen durch den Speckstein, der am Ende des 94 m langen Stollens gefunden wurde. Als Winterquartier für Fledermäuse wurde der Stollen verschlossen.

Am jetzigen Parkplatz befand sich bis Mitte des vergangenen Jahrhunderts die Galgenschänke. Diese bot Waldarbeitenden Einkehr. Den Namen soll die Schänke entweder von einem hier gehängten Spion im Siebenjährigen Krieg oder von einem galgenförmigen Wegweiser gehabt haben.

Den Parkplatz mit der Bushaltestelle (Bus nach Bad Schandau) wie auch die **Kreisstraße 8744** passieren Sie und wandern gegenüber die Holzstufen hinauf. Dieser Weg ist merklich touristischer, die Stufen können in dunkler Jahreszeit sogar beleuchtet werden. In einer Haarnadelkurve lädt eine Bank zum Blick auf die beiden Felsen mit dem Namen **Hunskirchen** ein. 60 m weiter im Massiv angekommen wandern Sie die metallenen Treppenstufen hinauf. Durch das Geröll führt nur ein Weg. Sie haben aber zahlreiche Möglichkeiten zu kleinen Abstecher nach links auf verschiedene Balkone. Während der allererste Balkon einfach zu erreichen ist, müssen Sie für den zweiten schon über den großen Felsen, in dem vage, ausgetretene Stufen zu erahnen sind.

*Auf dem Papststein führen mehrere Balkone zur Aussicht*

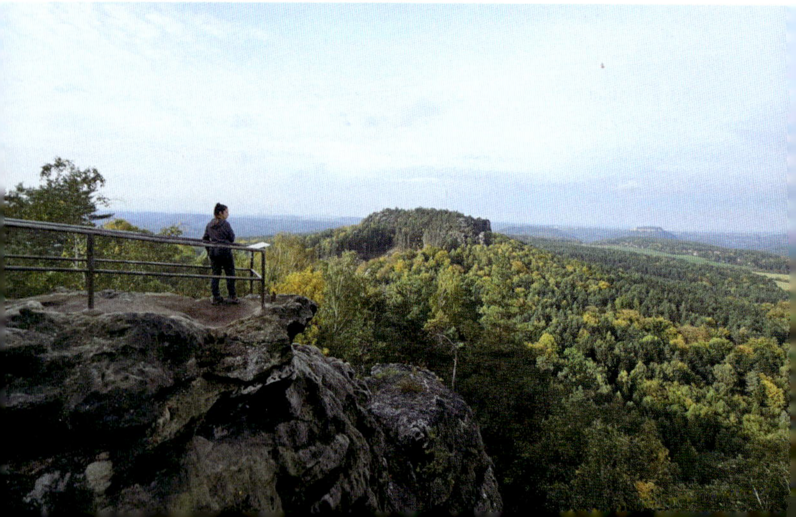

Die in den Stein gravierte Inschrift an der Ecke zur Bergwirtschaft erinnert an die königliche Forstvermessung. An der ✕ **Bergwirtschaft Papststein** ❸ finden hungrige Wandernde Bewirtung mit regionaler Küche. Der toll gelegene Außenbereich, nahe den kleinen Kanzeln, bietet während der kulinarischen Rast eine herrliche Weitsicht.

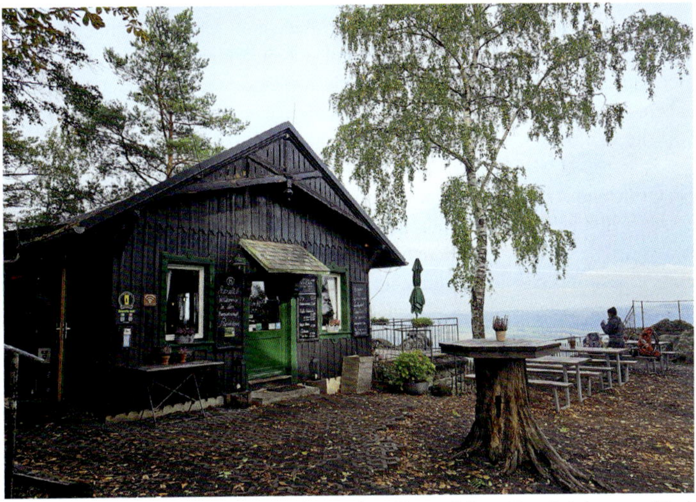

*Gastronomisch werden Sie auf dem Papststein verwöhnt*

✕ **Bergwirtschaft Papststein**, Auf dem Papststein 1, 01824 Gohrisch, ☏ 03 50 21/609 56, www.berggast.de, April-Okt Mo-Mi 11:00-18:00, Do & So 11:00-20:00, Fr & Sa 11:00-21:00

Von der Bergwirtschaft führen einige Stufen auf den eigentlichen Gipfel. Der dortige Feuerwachturm ist für die Öffentlichkeit nicht zugänglich. Der Forststeig tangiert die Kuppe des Papststeins nur und bahnt sich den Weg zwischen den beiden Gebäuden des Restaurants wieder nach unten. An der südlichen Terrasse neigt sich der Weitwanderweg weiter hinab. Es ergeben sich auf diesem Panoramapfad nach Papstdorf schöne Blicke. Zwei kleine Abstecher auf exponierte Podeste ergeben sich, erst danach führt der Forststeig nach rechts runter. An der T-Kreuzung unten wandern Sie links und bleiben auch am nachfolgenden Abzweig auf dem linken Weg. Den lockenden Querweg überschreiten Sie.

Der Aufstieg auf den Kleinhennersdorfer Stein ist kurzweilig, zumal mit dem zerklüfteten Felsen rechts eine Höhlensuche beginnt. Die ∩ Eishöhle und die ∩ Hampelhöhle verbergen sich etwas. Spannender und auch leichter zu finden ist die ∩ **Lichterhöhle**, die auf der linken Terrasse zwischen dem hohen Felsmassiv und der erwähnten Zerklüftung liegt.

Die Lichterhöhle erstrahlt jedes Jahr im Advent im warmen Leuchten zahlreicher Kerzen. Der Weihnachtsbrauch geht auf Bergarbeiter zurück, die in der Höhle Sand abbauten. Auf einer Fotografie von Dezember 1924 waren diese zu sehen, wie sie inmitten der illuminierten Höhle Weihnachten feierten. Daraus entwickelte sich rasch die romantische Tradition.

Östlich führt der Weg in eine Waldpassage, die von Laubwald dominiert wird. Wenig später wechselt die Landschaft ihr Gesicht. Mehr und mehr werden die Felsen von Birken geprägt, in deren Unterwuchs sich Preiselbeersträucher zu Heidelbeergestrüpp gesellen. Achten Sie an der ⊼ Bank auf den Weg. Die kleinen, verwachsenen Pfade führen in mehrere Richtungen. Von der Bank wandern Sie erst 10 m nördlich und folgen schließlich dem Weg, der halb links weiterläuft. Der Forststeig bahnt sich im Zickzack den Weg durch den lichten Wald, achten Sie daher auf die Forststeigmarkierungen oder auf Ihr GPS. Nach 110 m biegen Sie rechts zum höchsten Punkt des **Kleinhennersdorfer Steins** ❹ ab. Hinter diesem beginnt der lange Abstieg nach Bad Schandau. Ein Highlight ist sicherlich die letzte Schlucht der Wanderung, in der Sie von Felsen gesäumt in einem urwaldgleichen Steig einen rutschigen Weg neben Totholz herabwandern.

300 m nach dem Verlassen der Schlucht kreuzt ein breiter Forstweg Ihre Spur. Geradeaus führt der Weitwanderweg durch eine Rechtskurve und biegt schließlich links ab. Wenige Meter weiter verlassen Sie den Forstweg zugunsten eines Wiesenweges. Der allmählich anklingende Straßenverkehr kündigt den Endspurt an. Durch einen Laubmischwald überqueren Sie den **Lindigtschlüchtenweg** und nehmen die Kurve des **Elbleitenweges** mit. Nun wandern Sie parallel zur Elbe in östliche Richtung. Nach 830 m macht der Forststeig linker Hand abrupt kehrt, führt auf einer stark verwachsenen Spur weiter und schaukelt so langsam in Richtung Elbtal. Lassen Sie sich nicht von den vorzeitigen Abstiegen verlocken, die in den Karten eingezeichnet sind, denn diese enden vor den Gleisen am Bahnhof in Bad Schandau. Folgen Sie der Markierung des Forststeiges, auch wenn Sie sich dadurch wieder vom Bahnhof entfernen. Es folgen noch einige kurze, aber recht steile Auf- und Abstiege auf dem kleinen Schlangenpfad am Hang. Hier und da blitzt bereits das funkelnde Wasser der Elbe durch das Blattwerk.

810 m nach der Kehrtwende halten Sie sich im Wegedreieck links. 100 m weiter mündet Ihr Pfad in einem breiten Forstweg. Über den ausladenden **Täppichtsteig ❺** gelangen Sie auf die **Friedrich-Gottlob-Keller-Straße,** an der Sie sich scharf links halten. Es mag zwar unattraktiv und teilweise gar unangenehm erscheinen, dennoch ist der einzige Weg zum Bahnhof der entlang der viel befahrenen Straße.

Alternative können Sie an der Straße auch 70 m nach rechts laufen und dort auf den Bus warten, der Sie zum Bahnhof Bad Schandau, der bereits nächsten Station, bringt.

Nach 830 m endet der Forststeig Elbsandstein vor dem **Nationalparkbahnhof Bad Schandau**.

Am Nationalparkbahnhof Bad Schandau können Sie entweder den regelmäßig verkehrenden Zug in Richtung Dresden oder Prag nehmen oder Sie verweilen eine weitere Nacht in der gegenüberliegenden Stadt. Ein schöner Abschluss ist sicherlich eine Fährfahrt über die Elbe und die Einkehr in einem der zahlreichen guten Restaurants.

*Die Silhouetten Bad Schandaus verschwimmen im Morgennebel*

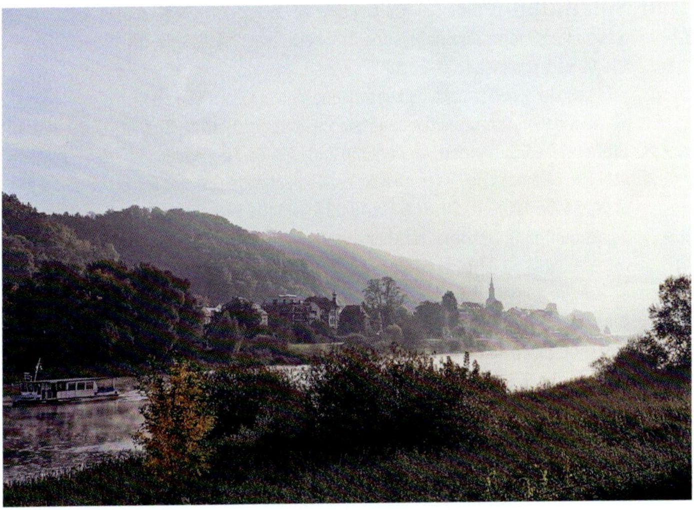

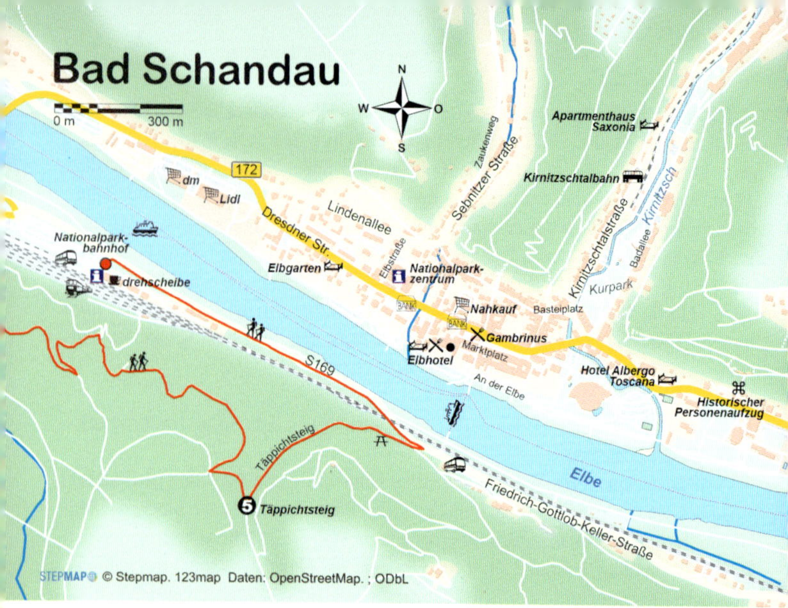


## Bad Schandau

**Nationalparkzentrum Sächsische Schweiz**, Dresdner Straße 2B, 01814 Bad Schandau, ☏ 03 50 22/502 40, poststelle.sbs-nationalparkverwaltung@smekul.sachsen.de, www.nationalparkzentrum-saechsische-schweiz.de, Di-So 9:00-17:00

**Elbhotel Bad Schandau**, An der Elbe 2, 01814 Bad Schandau, ☏ 03 50 22/92 10, info@elbhotel.de, www.elbhotel-bad-schandau.de, ÜF EZ € 100, DZ € 149, So-Do 12:00-20:00, Fr & Sa 12:00-21:00

**Apartmenthaus Saxonia**, Kirnitzschtalstraße 53, 01814 Bad Schandau, 01 63/444 11 44, saxoniahaus@gmx.de, www.apartmenthaus-saxonia.de, EZ/DZ € 69, F € 15

♦ **Elbgarten Hotel Garni**, Dresdner Straße 9, 01814 Bad Schandau, ☏ 03 50 22/48 40, elbgarten.garni@t-online.de, www.elbgarten-garni.de, Ü EZ € 75, DZ € 105

♦ **Hotel Albergo Toscana**, Rudolf-Sendig-Straße 17, 01814 Bad Schandau, ☏ 03 50 22/916 71, reservierung@albergo-toscana.de, www.albergo-toscana.de, Ü EZ € 60, DZ € 90, F möglich

**Gambrinus**, Marktplatz 12, 01814 Bad Schandau, ☏ 03 50 22/900 53, info@gambrinus-bad-schandau.de, www.zimmermanns-restaurants.de, Mo-So 11:30-22:00

**Café und Bistro Drehscheibe**, Am Bahnhof 6, 01814 Bad Schandau, ☏ 03 50 22/91 52 53, Mo-So 9:00-17:00

Bad Schandau hat eine große Auswahl an Unterkünften und Restaurants.

**Nahkauf**, Dresdner Straße 2A, 01814 Bad Schandau, Mo-Sa 7:00-20:00

♦ **Lidl**, Dresdner Straße 15, 01814 Bad Schandau, Mo-Sa 7:00-21:00

♦ **dm-drogerie markt**, Basteistraße 31, 01814 Bad Schandau, Mo-Sa 8:00-20:00

**Volksbank**, Dresdner Straße 2A, 01814 Bad Schandau, Mo-Fr 8:30-13:00, Mo, Di, Do & Fr auch 14:00-18:00

♦ **Sparkasse**, Dresdner Straße 1a, 01814 Bad Schandau, Mo-Fr 9:00-13:00, Mo, Di & Do auch 14:00-18:00

⌘ **Historischer Personenaufzug**, Rudolf-Sendig-Straße 21, 01814 Bad Schandau, ☏ 03 50 22/506 73, ab € 1,80, Mo-So 9:00-18:00

Züge nach Dresden und Prag

Bad Schandau (rund 3.600 Einwohnerinnen und Einwohner) ist der älteste Kurort der Sächsischen Schweiz. Er liegt rechtselbisch und ist entweder mit dem Pkw oder mit der Fähre zu erreichen. Den Ursprung hat der Ort in der Gründung eines Handelspostens im 14. Jahrhundert. Kurort wurde die Stadt vor rund 200 Jahren vor allem aufgrund der Sommerfrische. Heute wird er offiziell als Kneippkurort gelistet und fungiert unter anderem als Eingangsportal zum dahinterliegenden Nationalpark Sächsische Schweiz. Besonders schön anzusehen sind die Silhouetten der Stadt vom linkselbischen Ufer aus. Zahlreiche heute als Hotels genutzte Gründerzeitvillen säumen die Promenade. Nostalgisch ist sicherlich eine Fahrt mit der Oldtimer-Kirnitzschtalbahn – einer elektrischen Straßenbahn, die Besuchende mit einem charmanten Vintageflair zu den Lichtenhainer Wasserfällen befördert. Auch eine Fahrt mit dem historischen Personenaufzug zum 50 m hohen Aussichtsturm bietet eine gute Rundumsicht und ist Ausgangspunkt toller Tageswanderungen.

# Variante ohne Waldübernachtung

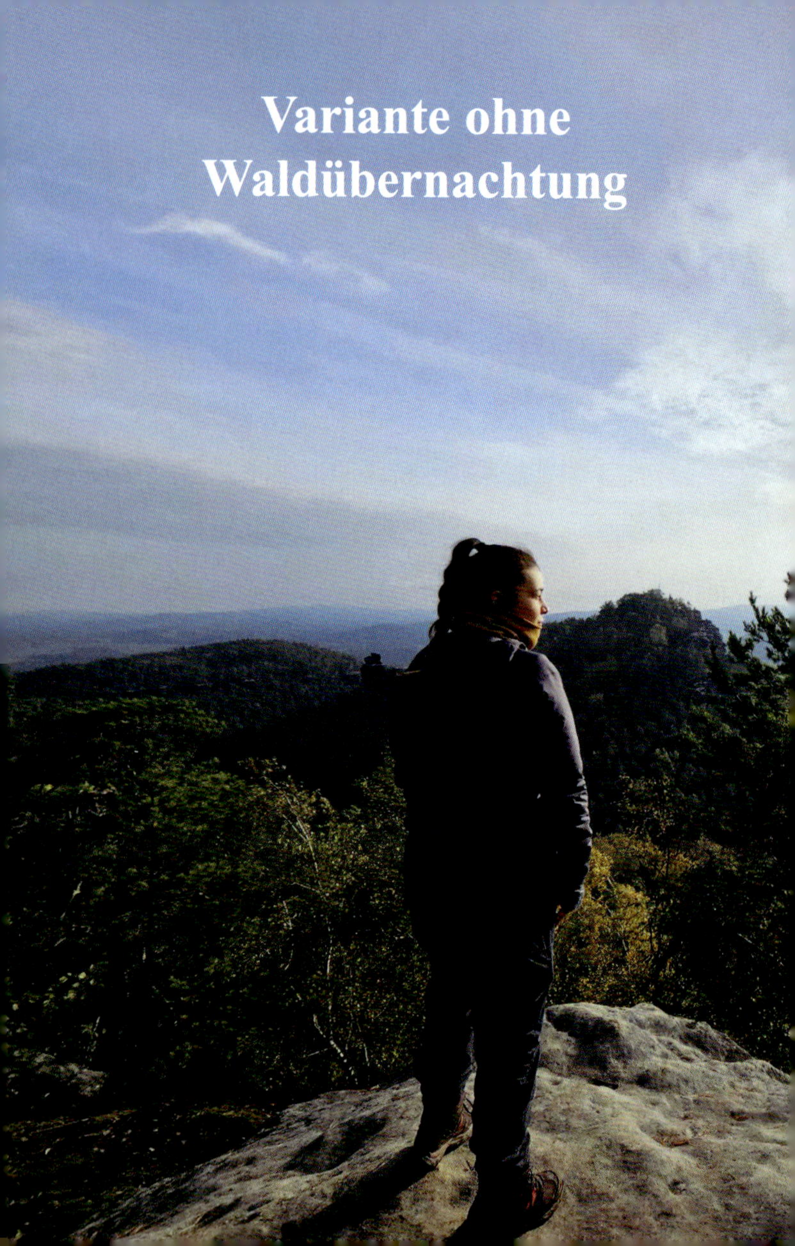

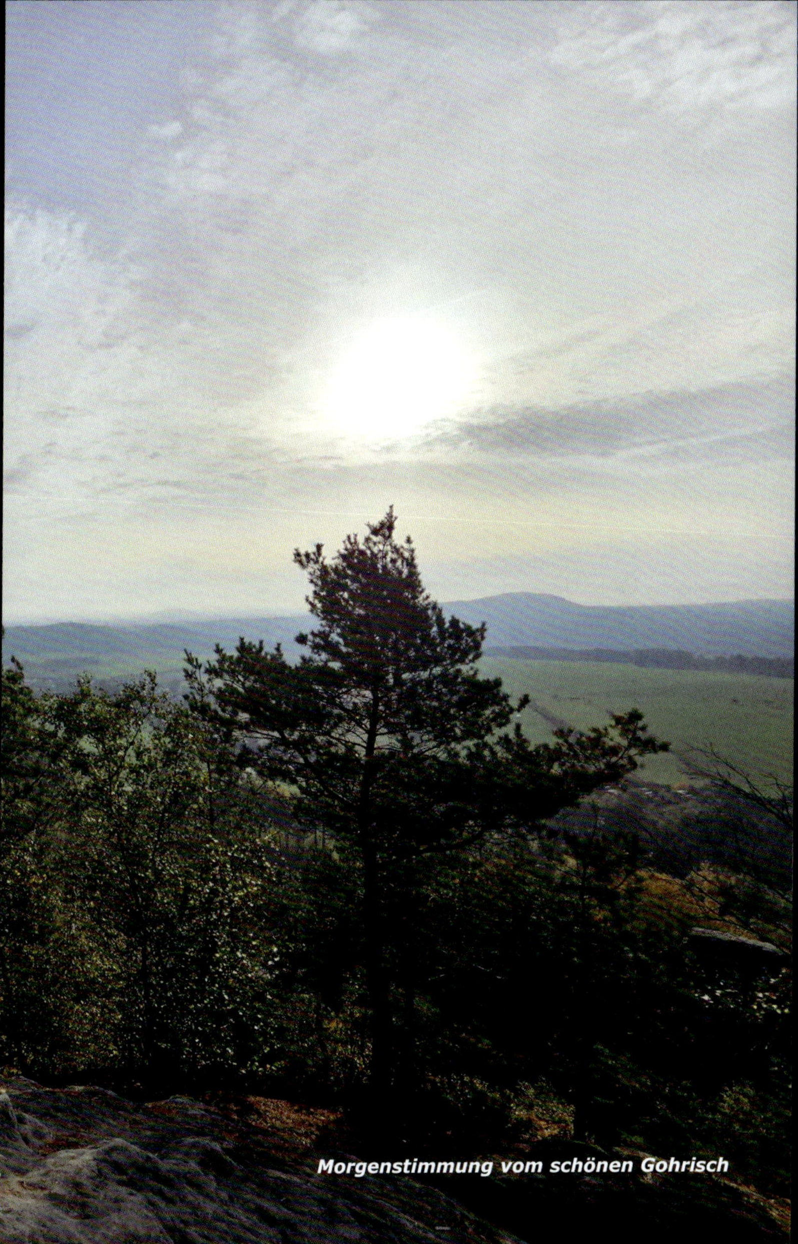

Morgenstimmung vom schönen Gohrisch

# 1. Etappe: Vom Bahnhof Schöna bis Kristin Hrádek

*18,6 km, 5 Std. 30 Min., ↑ 899 m, ↓ 543 m, ⇧ 138-559 m*

| | | |
|---|---|---|
| 0,0 km | ⇧ 145 m | Reinhardtsdorf-Schöna, Bahnhaltestelle Schöna |
| 4,3 km | ⇧ 244 m | Abzweig ↳ Wasserfall Gelobtbach |
| 5,0 km | ⇧ 302 m | Abzweig ↳ Ziskaquelle |
| 7,4 km | ⇧ 428 m | Kreuselseiche & Schächers Kreuz |
| 8,3 km | ⇧ 482 m | Aufstieg Großer Zschirnstein |
| 9,2 km | ⇧ 538 m | Großer Zschirnstein |
| 12,2 km | ⇧ 422 m | Zschirnstein-Biwak |
| 15,6 km | ⇧ 403 m | Abzweig ↳ Grenzbaude |
| 16,8 km | ⇧ 401 m | Abzweig ↳ Taubenteich |
| 18,6 km | ⇧ 492 m | Kristin Hrádek |

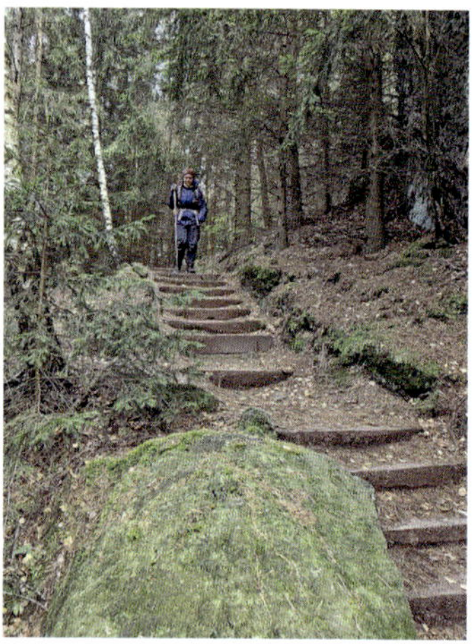

*Der Abstieg vom Zschirnstein verläuft über hölzerne Treppen*

*Um die Etappe gut bewältigen zu können, lohnt sich die Übernachtung im Vorfeld in Reinhardtsdorf-Schöna oder Hřensko. Zu Beginn steigen Sie gemächlich am Elbhang hinauf in das Gebirge. Mit dem Abstecher durch die kühle Klamm des Gelobtbaches zum Wasserfall erreichen Sie eine erste schöne Rastmöglichkeit. Durch den Schatten der dunklen Nadelwälder führt Sie der Forststeig zum ersten großen Tafelberg, dem Großen Zschirnstein. Belohnt werden Sie mit einer wunderbaren Weitsicht. Entlang der deutsch-tschechischen Grenze gelangen Sie schließlich zur historischen Jagdresidenz Kristin Hrádek.*

Diese Etappe setzt sich unverändert aus der 1. Etappe (☞ S. 43) und den ersten 6,3 km der 2. Etappe (☞ S. 51) zusammen.

# 2. Etappe: Von Kristin Hrádek nach Ostrov

*11,9 km, 4 Std., ↑ 297 m, ↓ 330 m, ⇧ 432-719 m*

| | | |
|---|---|---|
| 0,0 km | ⇧ 492 m | Kristin Hrádek |
| 6,8 km | ⇧ 718 m | Hoher Schneeberg |
| 8,6 km | ⇧ 588 m | Sněžník |
| 11,9 km | ⇧ 459 m | Ostrov, Pod Císařem |

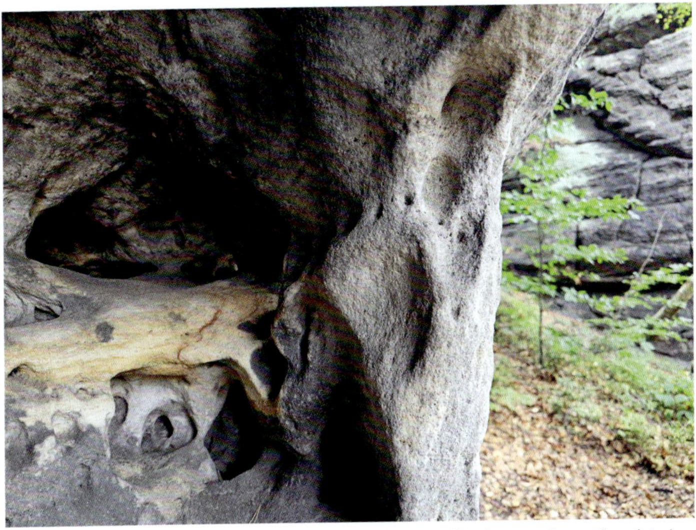

Details des porösen Sandsteins

*Heute schon erklimmen Sie den höchsten Berg des Elbsandsteingebirges. Auf dem Hohen Schneeberg haben Sie reichlich Zeit für Erkundungen. Wie wäre es mit einer kleinen Einkehr mit Weitsicht oder der Besteigung des historischen Aussichtsturms? Hinab steigen Sie über die Westflanke des Berges, durchqueren Sněžník und werden über einen alten Hohlweg nach Ostrov geleitet.*

Bei dieser Etappe folgen Sie der 2. Etappe ab km 6,3 (☞ S. 56) bis zum Etappenende in Ostrov.

# 3. Etappe: Von Ostrov zur Ottomühle

*17,6 km, 6 Std. 30 Min., ↑ 481 m, ↓ 572 m, ⇧ 354-603 m*

| | | |
|---|---|---|
| 0,0 km | ⇧ 459 m | Ostrov, Pod Císařem |
| 1,7 km | ⇧ 603 m | Tisá, Touristen-Information BANK |
| 3,7 km | ⇧ 557 m | Eisenweg/Abzweig Rájec |
| 7,8 km | ⇧ 531 m | Zeisigstein |
| 8,6 km | ⇧ 553 m | Abzweig Hartenstein |
| 9,0 km | ⇧ 514 m | Abzweig Hellendorf |
| 10,1 km | ⇧ 500 m | Quelle am Kochemoor |
| 14,6 km | ⇧ 359 m | Sophien-Quelle und Abzweig Räuberhütte |
| 15,6 km | ⇧ 390 m | Aufstieg Herkulessäulen |
| 16,3 km | ⇧ 415 m | Johanniswacht |
| 17,6 km | ⇧ 374 m | Ottomühle |

*Hinter der Enge führt links der Weg hoch zu den Herkulessäulen*

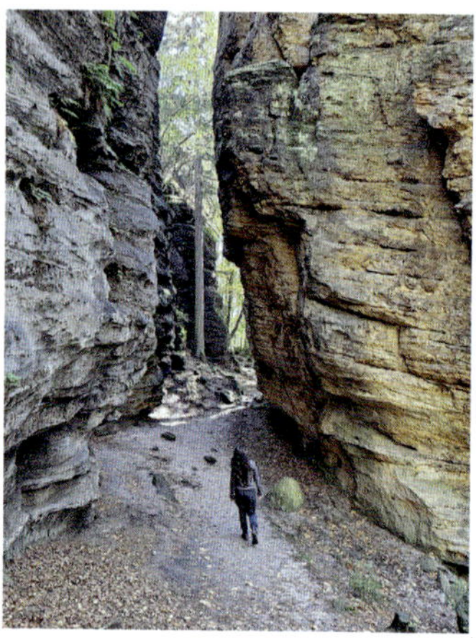

*Die schönste Etappe der gesamten Wanderung liegt vor Ihnen. Brechen Sie früh auf und nehmen Sie sich reichlich Zeit, denn über den Fabriksteig geht es zum sagenhaften Felsenlabyrinth in den Tyssaer Wänden. Eine kleine Runde wird da zur Pflicht! Anschließend wandern Sie am verlassenen, birkengeprägten Westhang zum Zeisigstein, ehe Sie über den Nachbarn herab ins Bielatal steigen. Nun wird es wildromantisch! Mal rechts, mal links führt der Forststeig Sie hoch zu den pittoresken Gesteinsgebilden des Tals. In der Ottomühle können Sie die Wanderung kulinarisch ausklingen lassen.*

Zunächst folgen Sie der. 3 Etappe (☞ S. 63), verzichten jedoch darauf, der Beschilderung bei km 14 zur Kamphütte zu folgen. Stattdessen wandern Sie die 4. Etappe ab diesem Punkt weiter (☞ S. 73). Diese verlassen Sie bei km 3,6 (☞ S. 80). Von dort aus nehmen Sie den beschriebenen Abzweig (☞ S. 80) in Richtung Daxensteinbaude und Ottomühle.

# 4. Etappe: Von der Ottomühle nach Rosenthal

*13,7 km, 5 Std., ↑ 434 m, ↓ 414 m, ⇧ 382-526 m*

| | | |
|---|---|---|
| 0,0 km | ⇧ 374 m | Ottomühle |
| 4,6 km | ⇧ 518 m | Grenzplatte |
| 5,8 km | ⇧ 437 m | Abzweig Zehrborn-Quelle |
| 6,3 km | ⇧ 428 m | Zehrborn-Biwak |
| 7,8 km | ⇧ 493 m | Tal der Dürren Biela |
| 10,1 km | ⇧ 494 m | Bushaltestelle Rosenthal/Sněžník |
| 11,9 km | ⇧ 497 m | Rastplatz Heideblick |
| 13,7 km | ⇧ 424 m | Rosenthal |

*Es geht vorbei an der Schwedenhöhle und dem Eisloch hinauf zur Grenzplatte mit dem Blick auf die weiten böhmischen Wälder. Ein kurzes Stück folgen Sie der Biela und steigen schließlich auf ein einsames Hochplateau auf. Der Pfad schlängelt sich durch Heidelbeerunterwuchs und lichte Birkenstämme. Im Tal der Dürren Biela mit Felsen oberhalb der Schlucht spüren Sie eine Kanadaatmosphäre. Schließlich zweigt der Weg am Heideblick herab nach Rosenthal ab.*

*Kanada-Gefühle im Tal der Dürren Biela*

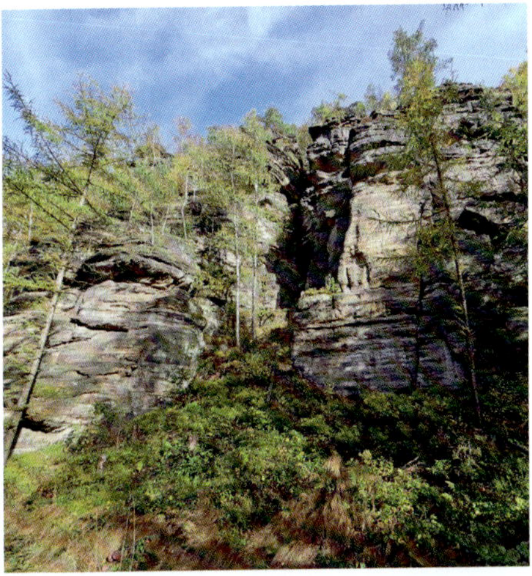

Über den beschriebenen Abzweig auf ☞ S. 80 gehen Sie zurück zum Forststeig und wandern dort die 4. Etappe ab km 3,6 bis zum Ende (☞ S. 80). Daran knüpfen die ersten 6,2 km der 5. Etappe an (☞ S. 84). Ab dem Heideblick nehmen Sie den beschriebenen, 1,6 km langen Abstecher nach Rosenthal (☞ S. 86).

# 5. Etappe: Von Rosenthal nach Cunnersdorf

11,7 km, 4 Std., 278 m, 434 m, 252-496 m

| | | |
|---|---|---|
| 0,0 km | 424 m | Rosenthal |
| 1,7 km | 496 m | Rastplatz Heideblick |
| 6,2 km | 418 m | Rotsteinhütte |
| 7,1 km | 447 m | Rotsteinkegel |
| 9,4 km | 404 m | Signal |
| 11,7 km | 252 m | Cunnersdorf BANK |

*Dies ist der letzte Tag, den Sie fast ausschließlich im Wald verbringen. Oberhalb des Fuchsbaches entlang führt Sie ein Höhenweg an der Rotsteinhütte vorbei zum Rotstein. Daran schließen sich wenig später die beiden felsigen Kuppen Katzfels und Signal an. Sie verlassen den Forststeig über den schönen Spitzsteinweg nach Cunnersdorf.*

*Verspielter Wegweiser*

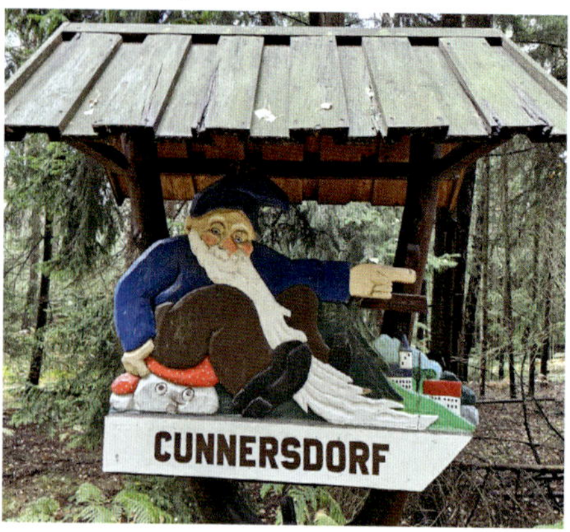


Sie starten in Rosenthal, indem Sie dem auf ☞ S. 86 beschriebenen Abstecher zurück zum Heideblick folgen. Sie folgen nun der 5. Etappe von km 6,2 bis 13,6, wo Sie die Etappe unterhalb des Signals verlassen und durch die Klamm mit dem Namen Spitzsteinweg wandern. Sie gelangen an eine T-Kreuzung mit einer Bank. Dort gehen Sie links auf die **Winterleitenstraße** – einen etwas breiteren Forstweg. Nach rund 400 m, kurz hinter einer weiteren Bank, gabelt sich der Weg und Sie halten sich an den rechten der beiden Wege. Von hier können Sie dem Weg für 990 m folgen, dabei geht dieser bald in eine asphaltierte Straße über, womit Sie **Cunnersdorf** fast erreicht haben.

## Cunnersdorf

**Hotel Deutsches Haus,** Cunnersdorfer Straße 20, 01824 Cunnersdorf, ☎ 03 50 21/689 37, carl-cunnersdorf@t-online.de, www.hotel-deutscheshaus.de, ÜF EZ € 60, DZ € 92, Mo-So ab 17:00, variierender Ruhetag

♦ **Katzsteinbaude**, Cunnersdorfer Straße 2c, 01824 Cunnersdorf, ☎ 03 50 21/689 40, mail@katzsteinbaude-cunnersdorf.de, www.katzsteinbaude-cunnersdorf.de, ÜF EZ € 38, DZ € 76, Mi-So ab 11:00

**Gaststätte Jagdstübel**, Cunnersdorfer Straße 51, 01824 Gohrisch, ☎ 03 50 21/687 30, Do 18:00-21:00, Fr 17:30-21:00, Sa 15:00-21:00, So 11:30-21:00

**Landbäckerei Schmidt,** Cunnersdorfer Straße 43A, 01824 Gohrisch, Mo-Fr 6:00-17-00, Sa 6:00-11:00

BANK **Sparkasse Mobil**, Cunnersdorfer Straße 30, 01824 Gohrisch, Mo 8:45-9:15

Bus nach Bad Schandau über Gohrisch

# 6. Etappe: Von Cunnersdorf nach Königstein/Pfaffendorf

*23,2 km, 8 Std., ↑ 806 m, ↓ 835 m, ⇧ 180-433 m*

| | | |
|---|---|---|
| 0,0 km | ⇧ 252 m | Cunnersdorf |
| 2,9 km | ⇧ 358 m | Abzweig Spitzstein |
| 6,9 km | ⇧ 412 m | Lampertsstein |
| 14,9 km | ⇧ 398 m | Felsenlabyrinth Langenhennersdorf |
| 16,9 km | ⇧ 341 m | Nikolsdorf-Biwak/Trinkwasser |
| 20,9 km | ⇧ 180 m | Bushaltestelle |
| 21,3 km | ⇧ 241 m | Quirl-Biwak |
| 22,1 km | ⇧ 336 m | Abzweig vom Forststeig |
| 23,2 km | ⇧ 225 m | Königstein/Pfaffendorf |

*Nach dem Aufstieg über die Lampertsstein-Promenade zur schönen Aussicht wandern Sie zum Felsenlabyrinth Langenhennersdorf – einem natürlichen Abenteuerspielplatz für Jung und Alt. Vorbei an der Nikolsdorfer Wand erreichen Sie den Sockel des Quirlmassivs. Hier verlassen Sie den Forststeig, um zu einer Übernachtungsmöglichkeit zu gelangen. Anders als in der Hauptetappe führt Sie diese Alternative in den Ort Königstein/Pfaffendorf. Somit besteht für Sie eine hervorragende Möglichkeit, die gleichnamige Festung zu besichtigen.*

Wandern Sie den auf ☞ S. 120 beschriebenen Abstecher zurück, sodass Sie auf der 5. Etappe unterhalb des Signals ankommen. Folgen Sie der 5. Etappe ab km 13,6 (☞ S. 86) bis zum Ende der Etappe. Auf die letzten 20 m bis zum Spitzstein-Biwak können Sie verzichten. An dieser Stelle wandern Sie nahtlos die 6. Etappe weiter bis zu km 17,8 (☞ S. 100). Dort befindet sich der Quirl-Biwak. Halten Sie sich am Quirl-Biwak rechts und direkt danach wieder links. Nach 510 m halten Sie sich halb rechts. Sie wandern auf diesem Weg für 1,2 km. Dabei geht es zunächst unterhalb des Quirls und dann an einigen landwirtschaftlichen Flächen rechter Hand entlang. Schließlich gelangen Sie auf die Pfaffendorfer Straße in Pfaffendorf.

☺ Wem die Etappe zu lang ist, der kann abkürzen. Gute Möglichkeiten dazu bieten sich, wenn Sie den Bernhardstein vor dem Felsenlabyrinth Langenhennersdorf sowie kurz hinter dem Labyrinth die Nikolsdorfer Wand auslassen. Damit wird die Etappe rund 4 km kürzer. Weiter kann auch unterhalb vom Campingplatz Nikolsdorfer Berg (☞ S. 98) oder südlich des Quirls der Bus direkt am Forststeig (6. Etappe, km 17,3 ☞ S. 99) nach Königstein genommen werden. Dies macht auch dann Sinn, wenn Sie nicht direkt in Pfaffendorf, sondern im entfernteren Königstein übernachten wollen.

## Königstein/Pfaffendorf

**Touristinformation Königstein**, Pirnaer Straße 2, 01824 Königstein, ☏ 03 50 21/682 61, ✉ touristinfo@koenigstein-sachsen.de, 💻 www.koenigstein-sachsen.de, Mo-Fr 9:00-12:30 & 14:00-17:00, Sa 9:00-12:00

**Gasthaus Pension Zum Pfaffenstein,** Pfaffensteinweg 1, 01824 Königstein, ☏ 03 50 21/679 51, ✉ buchung@gasthaus-pension-zum-pfaffenstein.de, 💻 www.gasthaus-zum-pfaffenstein.de, ÜF EZ/DZ € 105, erst ab 2 Übernachtungen, Fr-Di ab 12:00

♦ **Sachenstüb'l Königstein**, Amtsgasse 16/16a, 01824 Königstein, ☏ 03 50 21/683 32, ✉ pension@sachsenstuebel.de, 💻 www.sachsenstuebel.de, ÜF EZ/DZ € 122, Fr-Di 15:00-21:00

**Naturflairhaus**, Pfaffendorfer Straße 18, 01824 Königstein, 📱 01 73/684 17 80, ✉ anfrage@naturflairhaus.de, 💻 www.naturflairhaus.de, Ü EZ € 28,50, DZ € 57, MBZ € 90, F und Lunchpakete auf Absprache möglich

♦ **Pension Lachmann**, Pfaffendorfer Straße 44, 01824 Königstein, ☏ 03 50 21/59 73 07, ✉ pension.lachmann@web.de, 💻 www.pension-lachmann-koenigstein.de, Ü EZ € 47, DZ € 60, F möglich

zwischen Königstein, Pfaffendorf und Quirl

# 7. Etappe: Von Königstein/Paffendorf nach Bad Schandau

*16,6 km, 5 Std. 30 Min., ↑ 662 m, ↓ 756 m, ⇧ 130-454 m*

| | | |
|---|---|---|
| 0,0 km | ⇧ 225 m | Königstein/Pfaffendorf |
| 0,8 km | ⇧ 307 m | Quirlpromenade |
| 2,7 km | ⇧ 336 m | Quirl |
| 4,1 km | ⇧ 271 m | Abzweig Pfaffenstein |
| 6,7 km | ⇧ 333 m | Bushaltestelle/K8742 |
| 8,3 km | ⇧ 452 m | Gohrisch |
| 9,2 km | ⇧ 429 m | Bergwirtschaft Papststein |
| 10,3 km | ⇧ 358 m | Lichterhöhle |
| 10,7 km | ⇧ 392 m | Kleinhennersdorfer Stein |
| 16,6 km | ⇧ 130 m | Bad Schandau, Nationalparkbahnhof BANK ⌘ |

*Ein Auf und Ab in schönster Steigmanier steht Ihnen bevor. Zunächst geht es in Richtung Forststeig zurück. Kurz vorher biegen Sie rechts ein, wandern entlang der sagenhaften Quirlpromenade vorbei an Baumannhöhle und Diebskeller über das große, zusammenhängende Massiv, den Quirl. Anschließend führt Sie der Forststeig durch die Falkenschlucht den steilen und unwegsamen Gohrisch hinauf. Der Papststein mit seiner Bergwirtschaft und der Kleinhennersdorfer Stein mit seinen Höhlen runden den Wandertag ab, sodass der Forststeig eindrücklich in Erinnerung bleibt. Es geht durch eine Schlucht hinab und schließlich über Serpentinen im Hang zur Elbe hinunter nach Bad Schandau.*

Starten Sie, indem Sie dem auf ☞ S. 122 beschriebenen Weg für 850 m zurück zum Quirl folgen. Knapp unterhalb des Felsenmassivs biegen Sie rechts ab und wandern entlang der schönen **Quirlpromenade** vorbei an **Baumannhöhle** und **Diebskeller**. Nach 840 m gelangen Sie auf wieder auf den Forststeig (6. Etappe, ☞ S. 101). Folgen Sie der 6. Etappe bis zu km 22,2 (☞ S. 102) und gehen Sie dort direkt in die 7. Etappe über (☞ S. 103). Dieser können Sie bis zum Ende am Nationalparkbahnhof Bad Schandau folgen.

# Ratgeber aus dem Conrad Stein Verlag

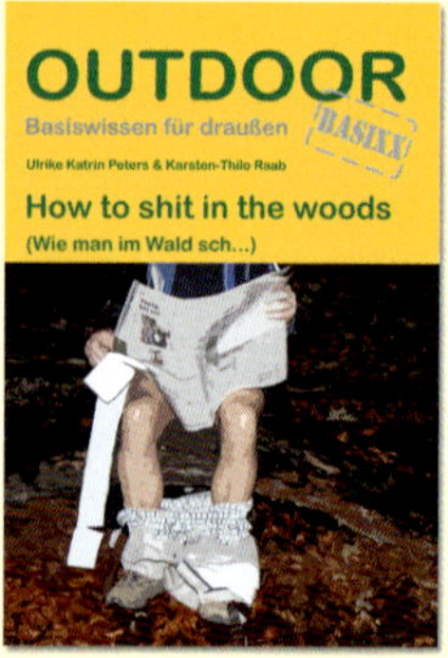


## How to shit in the woods
### (Wie man im Wald sch...)

Ulrike Katrin Peters & Karsten-Thilo Raab
OutdoorHandbuch Band 103
*Basiswissen für draußen*
96 Seiten ▸ 24 farbige Abbildungen
und 16 farbige Illustrationen

ISBN 978-3-86686-824-3

>> **BILD:** *„Allerhand Tipps für das dringende Bedürfnis in der Wildnis."*

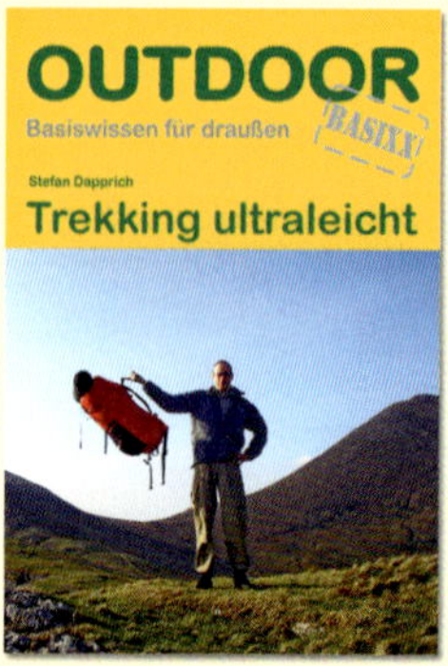


## Trekking ultraleicht

Stefan Dapprich
OutdoorHandbuch Band 184
*Basiswissen für draußen*
160 Seiten ▸ 65 farbige Abbildungen
und Illustrationen

ISBN 978-3-86686-770-3

>> **trekking-Magazin**: *„ein tolles kleines Buch (...), um zu lernen, wie man ganz einfach viel Gewicht auf seinen Wanderungen sparen kann."*

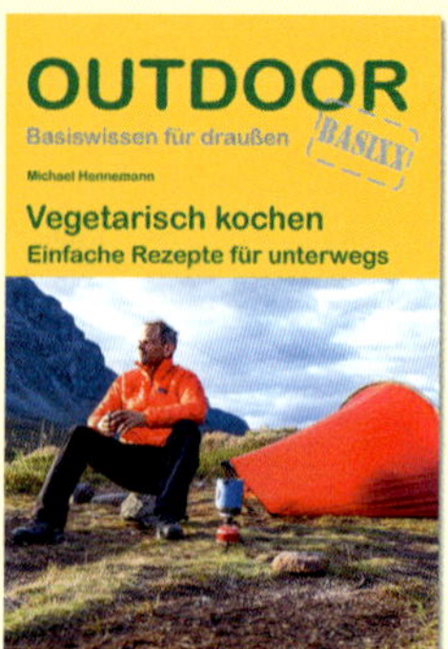


## Vegetarisch kochen
### Einfache Rezepte für unterwegs

Michael Hennemann
OutdoorHandbuch Band 466
*Basiswissen für draußen*
160 Seiten ▸ 121 farbige Abbildungen

ISBN 978-3-86686-674-4

>> **Blog Reisebücher Wanderführer:** *„Diese neue Kochbuch hilft, sich seine Essenswünsche auch unterwegs zu erfüllen."*

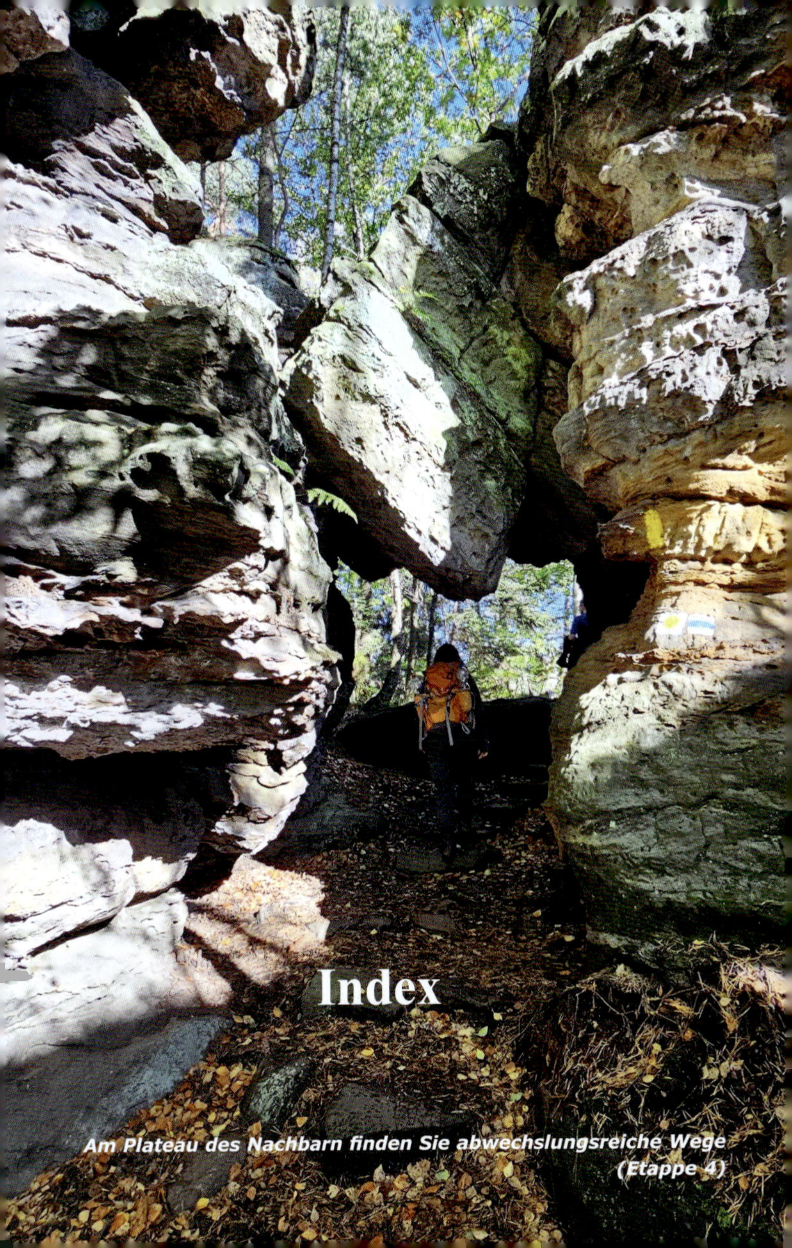

# Index

Am Plateau des Nachbarn finden Sie abwechslungsreiche Wege (Etappe 4)